Kundenorientierung

Praxis der Personalpsychologie

Human Resource Management kompakt

herausgegeben von
**Prof. Dr. Heinz Schuler, Dr. Rüdiger Hossiep
Prof. Dr. Martin Kleinmann, Prof. Dr. Werner Sarges**

Band 4

Kundenorientierung

von

Friedemann W. Nerdinger

 Hogrefe

Göttingen • Bern • Toronto • Seattle

Kunden-orientierung

von

Friedemann W. Nerdinger

 Hogrefe

Göttingen • Bern • Toronto • Seattle

Prof. Dr. Friedemann W. Nerdinger, geb. 1950. Studium der Psychologie in München. 1989 Promotion. 1993 Habilitation. Seit 1995 Professor für Wirtschafts- und Organisationspsychologie an der Universität Rostock. Arbeitsschwerpunkte: Psychologie der Dienstleistung, Arbeitsmotivation und -zufriedenheit, Extra-Rollenverhalten, virtuelle Gruppenarbeit.

Bibliografische Information Der Deutschen Bibliothek

Die Deutsche Bibliothek verzeichnet diese Publikation in der Deutschen Nationalbibliografie; detaillierte bibliografische Daten sind im Internet über <http://dnb.ddb.de> abrufbar.

© Hogrefe-Verlag GmbH & Co. KG, Göttingen · Bern · Toronto · Seattle 2003
Rohnsweg 25, D-37085 Göttingen

http://www.hogrefe.de
Aktuelle Informationen · Weitere Titel zum Thema · Ergänzende Materialien

Umschlagbild: © Bildagentur Mauritius GmbH
Satz: Graphik-Design Fischer, Weimar
Druck: AZ Druck und Datentechnik GmbH, 87437 Kempten/Allgäu
Printed in Germany
Auf säurefreiem Papier gedruckt

ISBN 3-8017-1476-4

Inhaltsverzeichnis

Karte:
Kundenorientiertes Gesprächsverhalten

1 Kundenorientierung

Die Kunden sind heute allgemein kritischer, vor allem aber qualitäts- und preisbewusster geworden. Von den Unternehmen und von deren Mitarbeitern lassen sie sich nicht mehr wie Bittsteller behandeln (Bruhn, 1997). Ihr Selbstbewusstsein wird gestärkt durch gravierende Veränderungen an den Märkten: Die Produkte werden immer austauschbarer, deshalb sind die Kunden nicht mehr auf einen bestimmten Anbieter angewiesen. Wenn sie mit den Leistungen eines Anbieters unzufrieden sind, finden sich genügend andere, die vergleichbare Produkte bereit stellen. Viele Märkte sind zudem gesättigt. Neue Kunden zu gewinnen, fällt daher immer schwerer. Der Wettbewerb gewinnt an Härte und für die Unternehmen gilt es mehr denn je, die Kunden an sich zu binden. Dem dient das Ziel der Kundenorientierung.

Hohe Kundenansprüche und die steigende Wettbewerbssituation auf den Märkten erfordern Kundenorientierung

1.1 Definition

> Kundenorientierung heißt, die Bedürfnisse und Erwartungen der Kunden zu erkennen und sich zu bemühen, diese zu erfüllen.

Ziel der Kundenorientierung ist es, den Kundennutzen zu erhöhen und langfristig stabile Beziehungen zu den Kunden aufzubauen (Bruhn, 1998). Das hat vor allem ökonomische Gründe: Da es immer teurer wird, neue Kunden zu gewinnen, müssen die Stammkunden „gepflegt" werden, sonst können die Unternehmen ihre ökonomischen Ziele nicht mehr erreichen. „Pflegen" heißt, das Vertrauen der Kunden gewinnen, sie zufrieden stellen und an das Unternehmen binden. Das bedeutet aber auch, die Beziehung zu den Kunden muss lange genug dauern und zu so vielen ertragreichen Geschäftsabschlüssen führen, dass sich der Aufwand der Kundenorientierung für das Unternehmen bezahlt macht.

Kundenorientierung verfolgt ökonomische Ziele

1.2 Abgrenzung zu ähnlichen Begriffen und Konzepten

Der Begriff „Kundenorientierung" zielt nicht nur auf das Verhalten der Mitarbeiterinnen und Mitarbeiter, die in unmittelbaren Kontakt mit den Kunden treten. Häufig wird damit auch die gezielte Ausrichtung des ganzen Unternehmens zur optimalen Erfüllung der Kundenerwartungen bezeichnet. Dem dienen umfassende Managementprogramme. In den letzten Jahren wurde eine Vielzahl solcher Programme entwickelt, die letztlich alle dem Ziel dienen, die Organisation der Unternehmen kundenorientierter zu gestalten.

Kundenorientierte Ausrichtung des Unternehmens durch Managementprogramme

1

Lean Manage-
ment zielt
auf kunden-
orientierte
Unternehmens-
strukturen

Besonders bekannt geworden ist das sogenannte „Lean Management". Dieser Ansatz zielt auf eine flexible Kundenorientierung bei möglichst geringem Einsatz der Ressourcen und gleichzeitig hoher Qualität der Produkte und Dienstleistungen. Im Zentrum steht der Versuch, jede Verschwendung von Ressourcen zu vermeiden – das gilt besonders für menschliche Ressourcen. Zu diesem Zweck werden ganze Managementebenen beseitigt, um den Organisationsgrad zu verringern. Das soll die Organisation entbürokratisieren, gleichzeitig kann Entscheidungsspielraum und die damit verbundene Verantwortung an die Mitarbeiter abgegeben werden. Vor allem Mitarbeiterinnen und Mitarbeiter mit direktem Kontakt zum Kunden können dann schneller auf deren Bedürfnisse reagieren, wodurch mehr Flexibilität, Kreativität und Eigeninitiative entstehen soll (zu weiteren Maßnahmen des Lean Management vgl. Friedel-Howe, 1994).

Neben solchen umfassenden Reorganisationen des ganzen Unternehmens wurde auch eine Reihe spezieller, direkt auf den Kunden abzielender Managementprogramme entwickelt, z. B. „Customer Focus" von ABB (Bagdasarjanz & Hochreutner, 1997) oder das „Premier Customer Care Programm" von BMW (Dünzel & Kirylak, 1997), das den Vertrieb kundenorientiert gestaltet.

Das Premier Customer Care Programm von BMW in den USA

BMW hat sich konsequenter Kundenorientierung verschrieben. Dem dient auch das Premier Customer Care Programm, das in den USA eingeführt wurde und drei Säulen umfasst: Customer Satisfaction Center, Perfection Plus-Programm und Performance Development Group.

Customer Satisfaction Center

Solche Zentren dienen der Kommunikation mit den Kunden. Jeder Kunde, der Probleme oder Fragen hat, kann sich unmittelbar an das Zentrum wenden. Neben der direkten Hilfe durch das Personal und der Betreuung unzufriedener Kunden erstellt das Zentrum wöchentlich Berichte über die aktuellen Zufriedenheitsinformationen. Dabei werden Informationen über die Zufriedenheit mit den Produkten, dem Unternehmen und den BMW-Händlern zusammengefasst und an die verantwortlichen Stellen weiter geleitet.

Perfection Plus-Programm

Ein unabhängiges Marktforschungsinstitut führt regelmäßig telefonische Befragungen von Kunden durch – ungefähr zehn Tage nach der Auslieferung eines neuen Wagens und drei bis fünf Tage nach jeder Inanspruchnahme von Serviceangeboten werden die Kunden auf diesem Wege befragt.

Die Ergebnisse werden monatlich zusammen gestellt und den Händlern zugeleitet. Sie finden hier die Zufriedenheit mit ihren Leistungen detailliert aufgelistet, gleichzeitig erfahren sie die Höhe des Bonus, den BMW für besonders guten Kundendienst regelmäßig ausschüttet. BMW hat sich zum Ziel gesetzt, dass jedem Kunden, der eine Beschwerde hat, innerhalb von 24 Stunden von einem Händler eine Problemlösung angeboten wird.

Performance Development Group

Gemeinsam mit den Händlern sucht diese Gruppe nach Verbesserungsmöglichkeiten. Durch enge und langfristige Bindung der Händler an das Unternehmen sollen die BMW-Besitzer zufriedengestellt und ebenso langfristig an das Unternehmen gebunden werden. Jedem ausgewählten BMW-Händler wird ein Beratungsteam zugeordnet, das aus Organisations- und Personalfachleuten besteht. Rund fünf Wochen lang analysieren sie vor Ort aus der Sicht des Kunden jeden einzelnen Aspekt des Verkaufsprozesses, die verschiedenen Leistungskomponenten und den Service. Jeder Kontaktpunkt mit dem Kunden wird auf Verbesserungsmöglichkeiten untersucht. Gleichzeitig wird auch die Zufriedenheit der Kunden *und* der Mitarbeiter des Händlers erhoben, da beides eng zusammen hängt. Mit dem Ziel, die Mitarbeiterzufriedenheit zu erhöhen, werden auch die Managementmethoden – Führungsstil, Teamarbeit, Kommunikation und vieles mehr – des Händlers sowie die Kultur der Niederlassung durchleuchtet. Die Ergebnisse aus den Untersuchungen werden dem Händler präsentiert und zur Beseitigung von Schwachstellen gemeinsam Aktionspläne entwickelt (nach Dünzl & Kirylak, 1997).

Restrukturierungen wie Lean Management und kundenbezogene Vertriebs-Programme wie Premier Customer Care versuchen, die Organisation so zu verändern, dass sie auf die Wünsche und Bedürfnisse des Kunden ausgerichtet ist. Damit wird eine wesentliche Voraussetzung der Kundenorientierung geschaffen. Der Erfolg solcher Managementprogramme hängt aber immer davon ab, ob sich die Mitarbeiter, die mit dem Kunden in Kontakt treten, kundenorientiert verhalten.

Entscheider ist das Verhalten der Mitarbeiter mit Kundenkontakt

1.3   Bedeutung für das Personalmanagement

Der Wert aller Maßnahmen des Managements verdeutlicht sich in dem Moment, in dem der Kunde mit dem Unternehmen in Kontakt kommt. Das Erleben des Kunden ist letztlich die Instanz, die über Gelingen oder Scheitern aller Bemühungen um Kundenorientierung entscheidet. Diese Kontakte werden daher auch als *Augenblicke der Wahrheit* bezeichnet (Stauss, 1999a). Bei jeder angebotenen Leistung finden sich unterschiedliche Situationen,

Die Begegnung des Kunden mit den Mitarbeitern bildet den „Augenblick der Wahrheit"

3

an denen der Kunde mit dem Unternehmen, seiner Leistung und seinen Mitarbeitern in Kontakt kommt. Solche Kontaktpunkte können analysiert werden, indem man den Leistungsprozess in seine einzelnen Teilschritte zerlegt und dabei deutlich macht, welche Bereiche der Leistungserstellung für den Kunden sichtbar sind und welche ohne sein Beisein ablaufen. Ein einfaches Beispiel einer solchen, „Blueprinting" genannten Analyse zeigt die folgende Darstellung am Beispiel eines Restaurant-Besuchs:

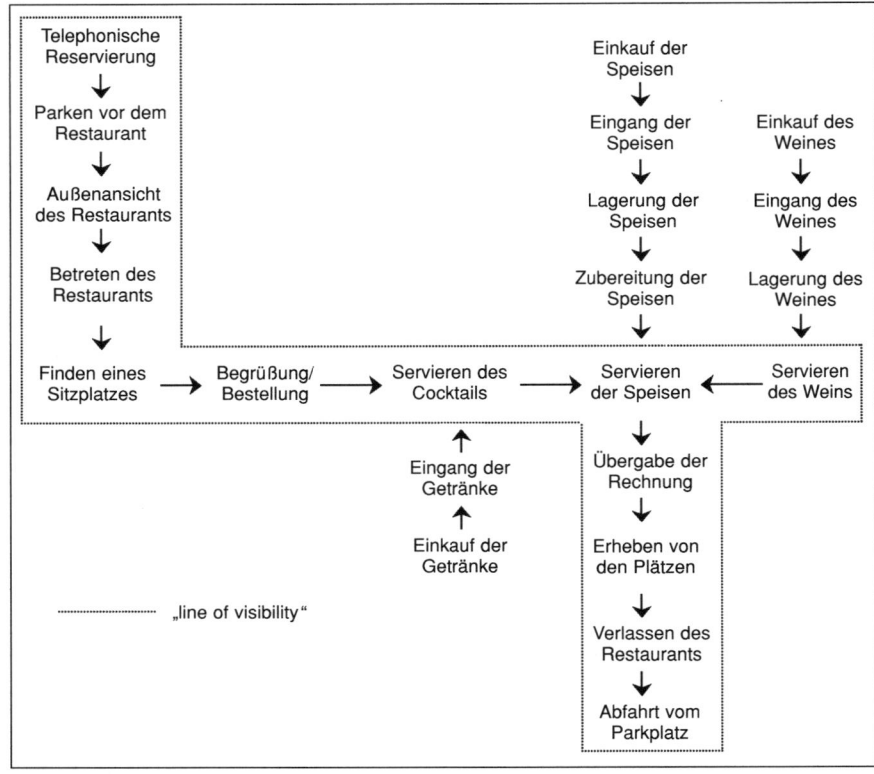

Abbildung 1:
„Blueprinting" eines Restaurant-Besuchs (nach Stauss, 1999a, S. 328)

„Blueprinting" zeigt auf, an welchen Stellen des Prozesses die Kunden mit dem Unternehmen in Kontakt kommen

Die Prozesse, die sich gewissermaßen „hinter dem Rücken des Kunden" abspielen, lassen sich vom Management relativ gut steuern. So kann die Qualität der Getränke und der zubereiteten Speisen durch vielfältige Maßnahmen gesichert werden. Auch einige Merkmale des Kontakts mit dem Kunden kann das Management gut steuern, z. B. die Gestaltung der Parkplätze oder der Außenansicht des Restaurants. Der äußere Eindruck kann auf einen „Gourmet-Tempel" oder eine „gemütliche Kneipe" verweisen. Bereits auf der Basis dieser, durch die Gestaltung der Umwelt ausgelösten Eindrücke erschließt der Kunde, ob das gewählte Unternehmen seinen Wünschen und

4

Bedürfnissen entspricht. Solche Eindrücke bilden den atmosphärischen Raum, in dem sich die Schlüsselerlebnisse entfalten: Die Kontakte mit den Mitarbeitern. Stimmt deren Verhalten mit den durch alle anderen Eindrücke ausgelösten Erwartungen überein, führt es zu positiven oder negativen Überraschungen? Was in diesen Augenblicken der Wahrheit geschieht, kann nicht mehr direkt vom Management gesteuert werden. Darüber entscheidet die Person des Mitarbeiters und sein Verhalten.

Die Bedeutung des Verhaltens der Mitarbeiter wird besonders deutlich, wenn Fehler in den nicht sichtbaren Prozessen auftreten, z. B. die Wartezeiten aufgrund logistischer Probleme in der Küche überlang sind oder eine Speise nicht optimal zubereitet wurde. Das Verhalten des Mitarbeiters, der dem Kunden von Angesicht zu Angesicht begegnet, entscheidet in diesen Fällen darüber, ob der Kunde unzufrieden oder sogar trotz der Fehler zufrieden mit dem Unternehmen und seiner Leistung ist. Wenn sich der Mitarbeiter in den Kunden einfühlt, seinen Ärger respektiert und ihm geeignete Kompensationen für die Fehler anbietet, wird sich der Kunde trotz der Probleme insgesamt positiv an den Restaurantbesuch erinnern (Nerdinger, 1994).

Bei Fehlern im System entscheidet das Verhalten der Mitarbeiter über die Kundenzufriedenheit

Viele Untersuchungen bestätigen die überragende Bedeutung des Verhaltens der Mitarbeiter mit Kundenkontakt für die Zufriedenheit der Kunden. Im Durchschnitt wandern nur 9 Prozent der Kunden wegen des Preises und 14 Prozent wegen der Qualität der Produkte ab, dagegen nennen 67 Prozent die Verhaltensweisen der Mitarbeiter als Ursache für den Wechsel eines Unternehmens (vgl. Müller, 1999). Im Bankbereich unterscheiden sich abgewanderte von aktuellen Kunden durch die Unzufriedenheit über

Kunden wechseln das Unternehmen vor allem aus Unzufriedenheit mit den Mitarbeitern

– das mangelnde Vertrauen,
– die geringe Beratungsqualität,
– die ungenügende Betreuung,
– die Unfreundlichkeit,
– das geringe Entgegenkommen und
– die Wartezeiten (Müller, 1999).

Das sind alles Merkmale, die von den Mitarbeiterinnen und Mitarbeitern direkt beeinflusst werden.

2   Modelle

Der Kunde ist Ausgangspunkt und Ziel kundenorientierten Verhaltens. Ausgangspunkt insofern, als sich kundenorientiertes Verhalten an den Erwartungen der Kunden ausrichtet. Daraus folgt die Frage: Was sind Erwartungen und welche Erwartungen haben Kunden? Das Ziel kundenorientierten Verhaltens ist letztlich die Zufriedenheit der Kunden. Daraus ergeben sich

Der Kunde ist Ausgangspunkt und Ziel kundenorientierten Verhaltens

u. a. folgende Fragen: Was ist und wie entsteht Zufriedenheit? Wie kann man die Auslöser von Zufriedenheit ermitteln und was folgt daraus für die Unternehmensstrategie? Abschließend werden die Folgen der Zufriedenheit für das Verhalten des Kunden näher betrachtet.

2.1 Die Erwartungen der Kunden

2.1.1 Was sind Erwartungen?

Erwartungen beschreiben das geforderte Leistungs-niveau

Erwartungen sind die Forderungen, die ein Kunde an ein Produkt oder eine Dienstleistung stellt – sie bezeichnen das Leistungsniveau, das der Kunde vom Unternehmen verlangt. Erwartungen können allerdings sehr unterschiedliche Formen annehmen (Georgi, 2001):

- *Erwünschtes Niveau:* Eine Leistung, die sich der Kunde wünscht und die der Anbieter liefern soll – in diesem Fall entsprechen also die Erwartungen den Wünschen des Kunden. Das erwünschte Niveau ist abhängig von den Erfahrungen des Kunden und seinen darauf beruhenden Ansprüchen: Wer in einem Schloss aufgewachsen ist, hat andere Wünsche als der viel zitierte „Mann auf der Straße".
- *Idealniveau:* Die Vorstellung von einer nicht zu überbietenden Leistung. Diese Erwartung markiert die best-mögliche Leistung – und hängt damit nicht zuletzt von der Fantasie und dem Vorstellungsvermögen des Kunden ab.
- *Typisches Niveau:* Die Vorstellung von der typischen oder durchschnittlichen Qualität einer Leistung. Diese Erwartung bezieht sich häufig auf eine bestimmte Klasse von Produkten oder Dienstleistungen. Wer z. B. häufig in einer bestimmten Hotelkette absteigt oder in Restaurants derselben Fast-Food-Kette speisst, der bildet Erwartungen darüber, welche Qualität das Essen in solchen Restaurants hat oder welchen Komfort und welchen Service ein Hotel dieser Kette bietet.
- *Minimal tolerierbares Niveau:* Die Vorstellung davon, was eben noch akzeptabel ist. Bei einer Übernachtungsmöglichkeit können das z. B. ein sauberes Bett und entsprechende sanitäre Einrichtungen sein, auf anderes – ein Fernsehgerät oder die Minibar – mag man zur Not verzichten.

Die Erwartungen des Kunden sind deshalb so wichtig für den Anbieter eines Produkts oder einer Dienstleistung, weil der Kunde die Angebote mit seinen Erwartungen vergleicht und dieser Vergleich über seine Zufriedenheit oder Unzufriedenheit entscheidet (Stauss, 1999b). Gleichzeitig – und das verdeutlichen die verschiedenen Formen – sind Erwartungen dynamische Vorstellungen, die sich je nach Situation und in der Zeit verändern können. Sucht jemand z. B. eine Übernachtungsmöglichkeit in einer Stadt, wird er zunächst in Hotels mit angemessenem Komfort nachfragen. Stellt er fest, dass in der Stadt aufgrund eines Kongresses alle entsprechenden Hotels ausgebucht sind, wird er sich letztlich auch über ein einfaches Zim-

Die Form der Erwartung ändert sich in Abhängigkeit von der Situation

6

mer freuen, sofern es seinen minimalen Ansprüchen genügt. In solchen Fällen sind Kunden bereit, von einem erwünschten oder gar idealen Erwartungsniveau zum minimal tolerierbaren zu wechseln.

Was aber noch eben tolerierbar ist, das hat sich im Laufe der Zeit stark gewandelt: Es gab Zeiten, als die Toilette auf dem Gang noch typisch für das Niveau von Herbergen war, heute ist ein solcher Zustand in Mitteleuropa nicht mehr akzeptabel. In dieser Entwicklung liegt auch eine Gefahr für die Unternehmen, die als Erwartungs-Wahrnehmungs-Spirale bezeichnet wird (Hermann & Seilheimer, 2000).

Die Erwartungs-Wahrneh-mungs-Spirale verändert das minimal tolerier-bare Niveau

---

Erwartungs-Wahrnehmungs-Spirale

Unternehmen bemühen sich, ihre Leistungen zu verbessern, um im Wettbewerb zu bestehen. Haben sich die Kunden an ein höheres Leistungsniveau gewöhnt, steigen ihre Anforderungen. Im Laufe der Zeit wird es daher immer schwieriger, Kunden zufrieden zu stellen.

Auch wegen der Erwartungs-Wahrnehmungs-Spirale ist Kundenorientierung so wichtig: Gelingt es, eine Beziehung zum Kunden aufzubauen und ihn an das Unternehmen zu binden, wird er nicht mehr allein die Produkte oder Dienstleistungen bewerten, sondern immer auch die Qualität der Beziehung zum und seine bisherigen Erfahrungen mit dem Unternehmen und seinen Mitarbeitern berücksichtigen.

2.1.2 Wie bilden sich Erwartungen?

Erwartungen haben verschiedene Quellen, die vier wichtigsten sind (Zeithaml, Parasuraman & Berry, 1992):

Erwartungen entstehen aus verschiedenen Quellen

1. *Persönliche Bedürfnisse:* Menschen unterscheiden sich in ihren Bedürfnissen und Motiven (Nerdinger, 1995) – was dem einen wichtig ist, mag einem anderen gleichgültig sein oder ihn gar verärgern. So haben z. B. manche Kunden das Bedürfnis, von ihrem Bankberater ständig über neue Finanzprodukte unterrichtet zu werden, anderen ist ein solches Verhalten dagegen eher lästig. Die persönlichen Bedürfnisse geben also die Richtung der Erwartungen vor.
2. *Bisherige Erfahrungen:* Wer sich zum ersten mal ein Auto kauft, erwartet vor allem, dass es fährt – mit der Zeit steigen die Erwartungen an Komfort, Sicherheit und vieles mehr. Wer zum ersten mal Aktien kauft, dem ist vielleicht nur wichtig, dass er von seinem Wertpapiermakler respektiert wird, mit der Erfahrung erhöhen sich aber die Ansprüche an seine Fachkompetenz und die erwirtschafteten Gewinne.
3. *Mündliche Empfehlungen:* Bei Produkten, die man noch nicht kennt, haben die Empfehlungen vertrauenswürdiger Personen besonderen Einfluss.

7

Für Dienstleistungen gilt das allgemein – da man ihre Qualität nicht vor dem Kauf prüfen kann, verlassen sich Kunden häufig auf die Ratschläge von Verwandten und Bekannten. Wurde ein Zahnarzt oder ein Rechtsanwalt von diesen „wärmstens empfohlen", geht man auch mit entsprechend hohen Erwartungen zu ihm.

4. *Kommunikation durch das Unternehmen:* Alle Versprechungen, die ein Unternehmen macht, beeinflussen die Erwartungen. Dazu zählen die Anzeigen, in denen z. B. eine Bank behaupte, dass sie ihren Kunden Vertrauen entgegenbringt; Fernsehspots, in denen versichert wird, dass bei Diebstahl der Reiseschecks innerhalb von 24 Stunden an jedem Ort der Welt Ersatz beschafft wird; oder auch die freundliche Stimme am Telefon, die eine Reparatur bis zum nächsten Tag verspricht. Eine wichtige indirekte Form der Kommunikation bildet der Preis. Auch mit dem Preis werden Erwartungen beeinflusst. Da sich Menschen gewöhnlich an der Daumenregel „teuer ist gut" orientieren (Nerdinger, 2001a), signalisiert der Preis immer ein bestimmtes Qualitätsniveau. Werden die damit verbundenen Erwartungen enttäuscht, sind die Folgen für den Absatz des Unternehmens meistens gravierend.

Durch die Werbung werden häufig unerfüllbare Erwartungen geweckt

Vor allem auf die Kommunikation nach außen müssen Unternehmen verstärkt achten. Da sich jedes Unternehmen möglichst im besten Licht darstellen möchte, werden in der Werbung zum Teil abenteuerliche Versprechungen gemacht, die offensichtlich mit der Realität im Unternehmen nicht abgestimmt wurden. Zum Beispiel behauptet eine Bank in ihrer Werbung, „Vertrauen ist der Anfang von allem" und hält gleichzeitig – wie im Kreditbereich allgemein üblich – ihre Mitarbeiter dazu an, vor jeder Kreditvergabe die Bonität des Kunden peinlich genau zu prüfen (Nerdinger, 2001b). Mit einer solchen Werbung werden bei den Kunden Erwartungen aufgebaut, die ihre Mitarbeiter unmöglich erfüllen können.

> Unternehmen dürfen ihren Kunden nur realistische Versprechungen machen und müssen dafür sorgen, dass die Mitarbeiter die Versprechungen einlösen können.

2.1.3 Was erwarten Kunden?

Die Erwartungen der Kunden seien am Beispiel einer Untersuchung verdeutlicht, in der Kunden von verschiedenen Dienstleistungsunternehmen befragt wurden (Zeithaml, Parasuraman & Berry, 1992). Es handelt sich dabei um Kunden von Kreditkartenunternehmen, Wertpapiermaklern, Reparaturwerkstätten und Privatkunden von Banken. Die angebotenen Dienstleistungen unterscheiden sich in verschiedenen wichtigen Merkmalen. Reparatur- und Wartungsleistungen dienen dem materiellen Besitz der Kunden, die anderen Dienstleistungen betreffen immaterielle (finanzielle) Belange. Banken und Wertpapiermakler bieten arbeitsintensive Dienste an, die im direkten Kontakt mit dem Kunden verrichtet werden, wogegen Reparaturleistungen lediglich bei der Annahme bzw. der Abholung einen Kontakt mit dem Kunden erfordern. Wertpapiermakler und Reparaturwerkstätten erzielen mit ihren Leistungen anhaltende Wirkungen, dagegen stiften Banken und Kreditkarten sofortigen Nutzen. Die untersuchten Dienstleistungen sind also recht unterschiedlich, die Erwartungen der Kunden an die Dienstleistungen stimmen dagegen weitgehend überein. Sie können daher als die wesentlichen Erwartungen betrachtet werden, die Kunden an Dienstleistungen richten.

In Gruppendiskussionen mit Kunden solcher Unternehmen zeigten sich die in Tabelle 1 aufgeführten zehn Klassen von Erwartungen.

Tabelle 1:
Erwartungen von Kunden, nach Zeithaml, Parasuraman & Berry (1992, S. 34 ff.)

Kriterien	Definition	Beispiele spezifischer Kundenfragen
Materielles	Erscheinungsbild von Einrichtungen und Ausrüstungen sowie des Personals und der gedruckten Kommunikationsmittel	Sind Schalterhalle und sonstige Einrichtungen der Bank attraktiv? Ist mein Wertpapiermakler angemessen gekleidet? Sind die Abrechnungen zu meiner Kreditkartennutzung verständlich? Machen die Werkzeuge in der Reparaturwerkstatt einen modernen Eindruck?
Zuverlässigkeit	Fähigkeit, den versprochenen Service verlässlich und präzise auszuführen	Wenn mir eine Bankangestellte der Kreditabteilung einen Rückruf in 15 Minuten verspricht, wird das eingehalten? Befolgt der Wertpapiermakler meine genauen Anweisungen zum Kauf oder Verkauf? Stimmen die Abrechnungen zu meiner Kreditkartennutzung? Wird meine Waschmaschine auf Anhieb richtig repariert?
Entgegenkommen	Bereitschaft, Kunden zu helfen und sie prompt zu bedienen	Wenn mit meinem Bankauszug etwas nicht stimmt, bringt die Bank es schnell in Ordnung? Antwortet mein Wertpapiermakler bereitwillig auf meine Fragen? Werden Belastungen für zurückgegebene Waren auf meinem Konto prompt gutgeschrieben? Kann die Reparaturfirma mit mir einen genauen Termin vereinbaren?

Tabelle 1 (Fortsetzung):

Erwartungen von Kunden, nach Zeithaml, Parasuraman & Berry (1992, S. 34 ff.)

Kriterien	Definition	Beispiele spezifischer Kundenfragen
Kompetenz	Beherrschung des notwendigen beruflichen Könnens und Fachwissens zur Ausführung der Dienstleistung	Kann der Kundenbetreuer meine Aufträge ohne Wenn und Aber abwickeln? Kann mein Wertpapiermakler der Marktentwicklung genau folgen? Kann ich von meinem Kreditkartenunternehmen telephonisch Antworten auf meinen Fragen bekommen? Weiß der Reparateur, was er tut?
Zuvorkom-menheit	Höflichkeit und Freundlichkeit des Kontaktpersonals	Ist das Betragen des Bankangestellten angenehm? Gibt sich mein Wertpapiermakler sehr geschäftig, wenn ich ihn etwas frage? Gehen die Telefonistinnen bei meiner Kreditkartenfirma immer höflich auf meine telefonischen Anfragen ein? Zieht der Reparateur seine schmutzigen Schuhe aus, bevor er auf meinen Teppich geht?
Vertrauens-würdigkeit	Glaubwürdigkeit und Ehrlichkeit des Dienstleisters	Genießt die Bank einen guten Ruf? Überlässt mein Wertpapier-makler mir Kaufentscheidungen, ohne Druck auszuüben? Stehen den Zins- und Gebühren-belastungen meiner Kredit-kartenfirma korrekte Salden und angemessene Leistungen gegenüber? Garantiert die Werkstatt ihre Leistungen?
Sicherheit	Kunden nicht Gefahren oder Risiken überlassen	Kann ich den Bankautomaten ohne Risiko benutzen? Weiß mein Wertpapiermakler um inflationäre Risiken in Übersee? Ist meine Kreditkarte vor miss-bräuchlicher Nutzung durch andere geschützt? Kann ich mich darauf verlassen, dass die Reparatur gründlich ausgeführt wurde? Garantiert die Werkstatt ihre Leistungen?

10

Tabelle 1 (Fortsetzung):

Tabelle 1 (Fortsetzung):
Erwartungen von Kunden, nach Zeithaml, Parasuraman & Berry (1992, S. 34 ff.)

Kriterien	Definition	Beispiele spezifischer Kundenfragen
Erreichbarkeit	Leichter Zugang zu Ansprechpartnern	Wie schnell kann ich meinen Bankbetreuer erreichen, wenn ich ein Problem habe? Kann ich meinen Wertpapiermakler telefonisch leicht erreichen? Hat meine Kreditkartenfirma eine Telefonnummer, unter der sie 24 Stunden gebührenfrei erreichbar ist? Ist die Werkstatt günstig gelegen?
Kommunikation	Den Kunden zuhören und sie in einer für Laien verständlichen Sprache informiert halten	Kann der Bankberater Zinsen und Gebühren für den Hypothekenkredit einleuchtend erklären? Enthält sich mein Wertpapiermakler unverständlichen Fachsimpelns? Wird mir bereitwillig zugehört, wenn ich meine Kreditkartenfirma anrufe? Ruft mich die Werkstatt an, wenn sie eine Verabredung nicht einhalten kann?
Kundenverständnis	Sich die Mühe machen, die Kunden und ihre Bedürfnisse kennen zu lernen	Erkennt mich jemand in der Bank, deren regelmäßiger Kunde ich bin? Versucht mein Wertpapiermakler festzustellen, welche spezifischen finanziellen Ziele ich verfolge? Ist mein Kreditkartenlimit angemessen? Ist die Werkstatt bereit, flexibel auf meine Terminvorstellungen einzugehen?

Die meisten Erwartungen richten sich direkt auf das Verhalten der Mitarbeiter, die mit dem Kunden in Kontakt kommen: Zuverlässigkeit, Entgegenkommen, Kompetenz, Zuvorkommenheit, Vertrauenswürdigkeit, Erreichbarkeit, Kommunikation und Kundenverständnis – alle diese Erwartungen müssen die Mitarbeiter erfüllen. Entscheidend ist also das Verhalten der Mitarbeiter im Kundenkontakt, denn es gilt:

Für die Kunden sind die Mitarbeiter, mit denen sie in Kontakt kommen, das Unternehmen.

Gelingt es den Mitarbeitern, diese Erwartungen zu erfüllen, ist eine wesentliche Voraussetzung der Kundenzufriedenheit erfüllt.

Die meisten Erwartungen richten sich an das Verhalten der Mitarbeiter

2.2 Kundenzufriedenheit

2.2.1 Was ist Kundenzufriedenheit?

Das Gefühl der Zufriedenheit wirkt nur kurzfristig

Kundenzufriedenheit hat verschiedene Aspekte. Zum einen ist es ein Gefühl, das sich nach der positiven Bewertung eines Produktes oder einer Dienstleistung einstellt (Stauss, 1999b; Homburg, 2001). Unzufriedenheit ist entsprechend das Gefühl, das einer negativen Bewertung folgt. Solche Gefühle sind eher kurzfristiger Natur – der Kunde erlebt z. B., wie sich die Stewardess um sein Wohlbefinden im Flugzeug bemüht, bewertet dies positiv und fühlt sich zufrieden. Hat er aber das Flugzeug verlassen und geht wieder seinen Geschäften nach, wird das Gefühl schnell verfliegen. Die Fluggesellschaft ist aber daran interessiert, dass der Kunde langfristig eine positive Haltung gegenüber dem Unternehmen und seinen Dienstleistungen entwickelt. Eine solche überdauernde Haltung oder *Einstellung* umfasst drei Aspekte:

Die Einstellung wirkt längerfristig

1. Die *Meinung* über das Unternehmen oder seine Produkte, das heißt alles, was der Kunde darüber weiß;
2. Die *Gefühle*, also die emotionalen Reaktionen auf das Unternehmen und seine Produkte;
3. Die *Verhaltensbereitschaft*, die sich auf die Frage bezieht, ob der Kunde die Absicht hat, die Produkte oder Dienstleistungen wieder zu kaufen und das Unternehmen weiter zu empfehlen.

Während also das Gefühl der Zufriedenheit aus der Bewertung eines einzelnen Erlebnisses entspringt, umfasst die Einstellung das Wissen, die Gefühle und die Verhaltensabsichten, die aus der Bewertung der Erfahrungen mit einem Unternehmen und dessen Produkten und Dienstleistungen entstehen. Solche Einstellungen bilden die zeitlich überdauernde Kundenzufriedenheit oder -unzufriedenheit. Zufriedenheit im Sinne einer Einstellung entsteht aus direkten Erfahrungen mit

– dem Unternehmen,
– seinen Mitarbeitern,
– den Angeboten sowie
– den verschiedenen Formen der Kommunikation.

Von besonderer Bedeutung sind die direkten Kontakte mit dem Unternehmen und seinen Mitarbeitern, die Augenblicke der Wahrheit (Stauss, 1999a). Bei diesen Kontakten werden die Erwartungen entweder bestätigt, übertroffen oder verfehlt.

2.2.2 Wie entsteht Kundenzufriedenheit?

Nach dem sogenannten „Diskonfirmations-Modell" (Stauss, 1999b) bewertet der Kunde jeden Kontakt mit dem Unternehmen, seinen Mitarbeitern oder den Produkten, indem er seine Erlebnisse mit den Erwartungen vergleicht. Bleibt die Leistung deutlich hinter den Erwartungen zurück, ist der Kunde enttäuscht und unzufrieden. Erfüllt der Kontakt die Erwartungen, so wird der Kunde zufrieden sein. Werden die Erwartungen übertroffen, kann das Begeisterung auslösen (Homburg, 2001; Nerdinger, 2001b). Wie bereits verdeutlicht wurde, richten Kunden unterschiedliche Erwartungen an die Unternehmen und ihre Leistungen. Auf die Erfüllung oder Nicht-erfüllung dieser Erwartungen reagieren Kunden nicht immer in der gleichen Weise. Das zeigt die folgende Darstellung:

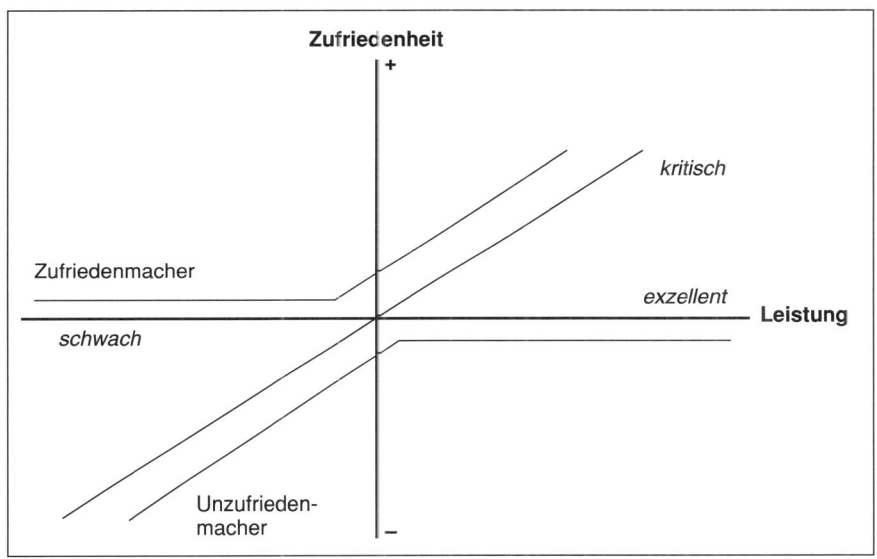

Abbildung 2:
Die Wirkung verschiedener Merkmale einer Leistung (nach Johnston & Heineke, 1998).

Nur bestimmte Merkmale einer Leistung können Zufriedenheit *und* Unzufriedenheit auslösen. Ein solches Merkmal ist z. B. „Entgegenkommen", die Bereitschaft, den Kunden zu helfen und sie prompt zu bedienen. Diese Merkmale werden als *kritisch* bezeichnet, da ihre Erfüllung zu Zufriedenheit, ihre Nicht-Erfüllung zu Unzufriedenheit führt: Wird dem Kunden ein Sonderwunsch prompt erfüllt, so stellt ihn das zufrieden. Erklärt man ihm dagegen, dass man wegen ihm keine Ausnahme machen kann, so wird das den Kunden gewöhnlich verärgern und unzufrieden machen.

Dagegen betrachten Kunden die Erfüllung mancher Erwartungen als Selbstverständlichkeit, deshalb entsteht bei ihrer Erfüllung auch keine Zufriedenheit. Werden diese Erwartungen dagegen nicht erfüllt, so reagieren die Kunden äußerst ungehalten (Matzler, 1999). Wer z. B. in ein Restaurant der oberen Preisklasse geht und feststellt, dass sein Besteck nicht ganz sauber ist, der wird empört und äußerst unzufrieden sein. Ein blitzblankes Besteck wird er dagegen gar nicht registrieren und allein *deswegen* auch nicht zufrieden sein. Solche Merkmale der Leistung sind also nur für die Unzufriedenheit der Kunden verantwortlich, zur Zufriedenheit tragen sie nichts bei. Sie werden daher auch als *Unzufriedenmacher* bezeichnet.

Zufrieden-macher können Begeisterung auslösen

Andere Merkmale der Leistung führen dagegen zu Zufriedenheit oder gar zu Begeisterung, wenn sie nicht erlebt werden, entsteht dadurch aber nicht unbedingt Unzufriedenheit. Besucht man ein Restaurant nach einiger Zeit das zweite mal und der Kellner erkennt den Gast wieder, so ist das gewöhnlich eine angenehme Überraschung. Erinnert er sich vielleicht sogar noch an den bevorzugten Wein, so kann das Begeisterung auslösen. Wird man aber nach längerer Zeit nicht wiedererkannt, so ist deswegen kaum jemand unzufrieden – die meisten Kunden haben dafür Verständnis. Da solche Merkmale also in erster Linie für die Zufriedenheit der Kunden zuständig sind, werden sie als *Zufriedenmacher* bezeichnet.

Was kritisch ist, zufrieden oder unzufrieden macht, hängt von der angebotenen Leistung ab und ändert sich mit der Zeit

Welche Merkmale einer Leistung Zufriedenmacher, Unzufriedenmacher oder kritisch sind, hängt stark von den jeweiligen Leistungen ab. Zudem können sie sich im Laufe der Zeit ändern, sodass z. B. aus einem Zufriedenmacher ein Unzufriedenmacher wird – das Außergewöhnliche wird zum Selbstverständlichen, wenn es erst einmal die Regel ist. Das ist es, was die Erwartungs-Wahrnehmungs-Spirale beschreibt (Herrmann & Seilheimer, 2000). Für die Unternehmen bedeutet das: sie müssen in regelmäßigen Abständen diese verschiedenen Merkmale für die von ihnen angebotenen Leistungen ermitteln.

2.2.3 Wie kann man die Auslöser von Zufriedenheit ermitteln?

Unzufrieden-macher können über die Analyse von Beschwerden ermittelt werden

Eine einfache Methode, um die Unzufriedenmacher einer Leistung zu ermitteln, stellt die Analyse von Kundenbeschwerden dar (Hentschel, 1999). Beschwerden sind der aktive Ausdruck von Unzufriedenheit, Kunden haben sich in diesem Fall so sehr geärgert, dass sie sich die Mühe einer Beschwerde machen. Das *Beschwerdemanagement* ist daher eine der wichtigsten Methoden, um Unzufriedenheit der Kunden zu beseitigen – zufriedengestellte Beschwerdeführer fühlen sich an das Unternehmen gebunden (Stauss, 1998). Gelegentlich – leider eher selten – äußern Kunden auch ein Lob über eine bestimmte Leistung. Die Analyse solcher positiven Aussagen gibt gute Hinweise auf Zufriedenmacher.

Lob durch den Kunden gibt Hinweise auf Zufrieden-macher

Für die Unternehmen sind Beschwerden und Anerkennungen durch die Kunden Informationen von unschätzbarem Wert: Sie sind aktuell, beziehen sich auf eindeutige Vorfälle und ihre Analyse kostet wenig!

Eine wichtige Methode, um (Un-)Zufriedenmacher *und* kritische Merkmale herauszufinden, ist die *Technik der kritischen Ereignisse* (Flanagan, 1954):

14

Dabei werden ausgewählte Kunden gebeten, sich zunächst an ein Ereignis im Kontakt mit dem Unternehmen zu erinnern, das sie besonders zufrieden machte. Sie sollen das Ereignis in all seinen Facetten schildern und verdeutlichen, was genau sie so zufrieden machte. Anschließend werden sie gebeten, sich an ein Ereignis zu erinnern, das sie sehr unzufrieden machte. Auch hier sollen die Kunden wieder möglichst genau und konkret die Umstände und Auslöser der Unzufriedenheit schildern. Die Aussagen der Kunden werden auf Tonband aufgenommen und anschließend analysiert. Ereignisse, die nur in positiven Situationen genannt werden, sind Zufriedenmacher. Ereignisse, die nur in negativen Situationen genannt werden, sind Unzufriedenmacher. Ereignisse, die sowohl in positiven als auch in negativen Situationen genannt werden, sind kritische Merkmale der angebotenen Leistung.

Durch die Erhebung kritischer Ereignisse können (Un-)Zufriedenmacher und kritische Merkmale erfasst werden

> ## Kritische Ereignisse in der Begegnung zwischen Mitarbeiter und Kunde
>
> Bitner, Booms und Tetreault (1990) haben Kunden von Fluglinien, Hotels und Restaurants mit der Technik kritischer Ereignisse befragt und dabei rund 700 Ereignisse gesammelt. Die Aussagen wurden drei Kategorien zugeordnet:
> - *Reaktionen der Mitarbeiter auf Fehler*, z. B. „Der Flug hatte Verspätung und das Personal gab uns mehrfach falsche Informationen"
> - *Reaktionen der Mitarbeiter auf Wünsche und Bedürfnisse der Kunden*, z. B. „Mein Kind war flugkrank, die Stewardess kümmerte sich rührend darum und half mir, es zu beruhigen"
> - *Spontane Handlungen der Mitarbeiter*, z. B. „Ein Angestellter lief uns eine ganze Strecke weit nach, um uns einen Brief zu bringen, den wir unter dem Tisch im Restaurant verloren hatten" oder „Ich war noch am überlegen, da sagte die Bedienung: ‚Würden Sie die Speisekarte und nicht die Landkarte lesen, wüssten Sie, was Sie bestellen wollen'".
>
> Die meisten Unzufriedenmacher finden sich bei den Reaktionen auf Fehler im System, die meisten Zufriedenmacher bei der Reaktion auf spezielle Wünsche der Kunden. Kritische Merkmale sind vor allem spontane Handlungen der Mitarbeiter – dadurch können Kunden begeistert werden, widersprechen sie aber den Erwartungen, führen spontane Handlungen zu großer Verärgerung.

Kritische Ereignisse bei Fluglinien, Hotels und Restaurants

Die Befragung von Kunden gibt wertvolle Erkenntnisse. Sie sollte aber nach Möglichkeit durch eine *Befragung der Mitarbeiter*, die in direktem Kontakt mit den Kunden arbeiten, ergänzt werden: Sie kennen die Bedürfnisse der Kunden und ihre Reaktionen auf die Angebote am besten, zudem wissen sie auch über die Bedingungen im Unternehmen Bescheid. Mitarbeiter mit Kundenkontakt haben daher häufig ein wertvolleres Wissen als Marktfor-

Die Befragung der Mitarbeiter gibt wichtige Erkenntnisse über die Erwartungen der Kunden

scher und Unternehmensberater zusammen! Die systematische Nutzung ihres Wissens kann wichtige Erkenntnisse über die Sicht der Kunden vermitteln und gleichzeitig Hinweise auf Schwachstellen im Unternehmen bei der Erfüllung der Kundenwünsche verdeutlichen. Darüber hinaus wird durch solche Befragungen die Person des Mitarbeiters aufgewertet, was sie zusätzlich für die Arbeit mit den Kunden motiviert (Nerdinger, 1995).

Durch
– Analyse von Beschwerden,
– Befragung von Kunden über kritische Ereignisse und
– Befragung der Mitarbeiter mit Kundenkontakt
lassen sich die wichtigsten Informationen über die Bedingungen der Kundenzufriedenheit ermitteln.

2.2.4 Folgerungen für die Unternehmensstrategie

Die Informationen, die auf den genannten Wegen ermittelt wurden, müssen anschließend in konkrete Handlungen umgesetzt werden. Die wesentlichen Strategien zeigt die folgende Tabelle (vgl. Johnston & Heineke, 1998):

Tabelle 2:
Unternehmensstrategien für ausgewählte Qualitätsfaktoren (nach Johnston & Heinecke, 1998)

Merkmal	Strategie	
	Begeisterung	**Nicht-Unzufrieden**
Unzufriedenmacher	Verbesserung bis zur Akzeptanz	Verbesserung bis zur Akzeptanz
Zufriedenmacher	Größtmögliche Steigerung	unwichtig
Kritisch	Größtmögliche Steigerung	Verbesserung bis zur Akzeptanz

Erwartungen an Unzufriedenmacher müssen erfüllt werden

Unzufriedenmacher zu verbessern ist natürlich eine besonders wichtige Aufgabe für jedes Unternehmen, da unzufriedene Kunden bei der aktuellen Konkurrenzsituation eine große Gefahr für den Unternehmenserfolg darstellen. Sind aber die Erwartungen in diesen Merkmalen erfüllt, gibt es keinen Anreiz, sie weiter zu verbessern: Den damit verbundenen zusätzlichen Kosten steht kein Gewinn an Zufriedenheit der Kunden gegenüber. Ein Unternehmen muss also die Erwartungen an die Unzufriedenmacher erfüllen und dieses Niveau möglichst effizient erhalten.

Zufriedenmacher sind besonders wichtig, wenn ein Unternehmen seine Kunden begeistern und an sich binden will. Das kann durch kontinuierliche Ver-

16

besserung der Merkmale, die Zufriedenheit oder gar Begeisterung auslösen, erreicht werden. Allerdings ist hier die Erwartungs-Wahrnehmungs-Spirale zu beachten: Wenn ein erreichtes Leistungsniveau erst einmal zum allgemeinen Standard geworden ist, steigen die Ansprüche und Erwartungen der Kunden. Sofern also alle Konkurrenten regelmäßig an den Zufriedenmachern arbeiten, führt das nach einiger Zeit zu einem Anstieg der Ansprüche und Wettbewerbsvorteile werden eingeebnet. Allein aus ökonomischen Gründen sollte daher die Bearbeitung der Unzufriedenmacher Vorrang haben. Dafür spricht auch ein psychologisches Merkmal, das starken Einfluss auf das Verhalten der Kunden hat: Verluste wiegen stärker als Gewinne (Kahnemann & Tversky, 1979).

Zufriedenmacher nur in dem Maße befriedigen, dass ein dauerhafter Wettbewerbsvorteil möglich ist

> Unzufriedenmacher wirken psychologisch wie Verluste: Werden die Erwartungen an einen Unzufriedenmacher nicht erfüllt, so sind die Folgen vergleichsweise schlimmer als der Gewinn, der durch die Erfüllung eines Zufriedenmachers erzielt wird!

Das verdeutlicht auch die auf Erfahrungswerten beruhende Daumenregel, wonach ein zufriedener Kunde das Unternehmen im Schnitt dreimal weiter empfiehlt, ein unzufriedener dagegen rund zehn mal vor dem Unternehmen warnt und ihm damit schadet (Nerdinger, 1994). Vor allem Unternehmen mit einem hohen Marktanteil müssen sich daher auf die Unzufriedenmacher konzentrieren. Untersuchungen zeigen, je größer der Marktanteil eines Unternehmens, desto geringer ist die durchschnittliche Kundenzufriedenheit (Anderson, Fornell & Lehmann. 1994). Der Grund dafür liegt in der Struktur der Kunden: Je größer der Marktanteil, desto unterschiedlicher sind die Bedürfnisse und Wünsche der Kunden und desto schwieriger wird es, Zufriedenheit oder gar Begeisterung bei möglichst allen Kunden zu erzeugen. Hier gilt es in erster Linie, Unzufriedenheit bei den verschiedenen Kundengruppen zu verhindern.

Unternehmen mit hohem Marktanteil müssen sich auf die Unzufriedenmacher konzentrieren

Kritische Merkmale sind immer wichtig, da sie sowohl zur Zufriedenheit als auch zur Unzufriedenheit beitragen. In der Unternehmensstrategie muss daher festgelegt werden, in welchem Maße die Erwartungen der Kunden an die kritischen Merkmale zu erfüllen oder gar zu übertreffen sind. Die Entscheidung darüber hängt natürlich davon ab, was sich das Unternehmen von den Kunden erwartet.

Kritische Merkmale müssen immer genau beachtet werden

2.3 Konsequenzen der Zufriedenheit: Loyalität und Bindung

Kundenzufriedenheit führt zur *Bindung* des Kunden an das Unternehmen, der Kunde ist dem Unternehmen treu und verhält sich ihm gegenüber loyal. Bindung bezieht sich sowohl auf sein bisheriges Verhalten als auch auf die

Zufriedene Kunden fühlen sich an das Unternehmen gebunden

17

Absichten für die Zukunft (Homburg & Faßnacht, 2001). Das zeigt die folgende Darstellung:

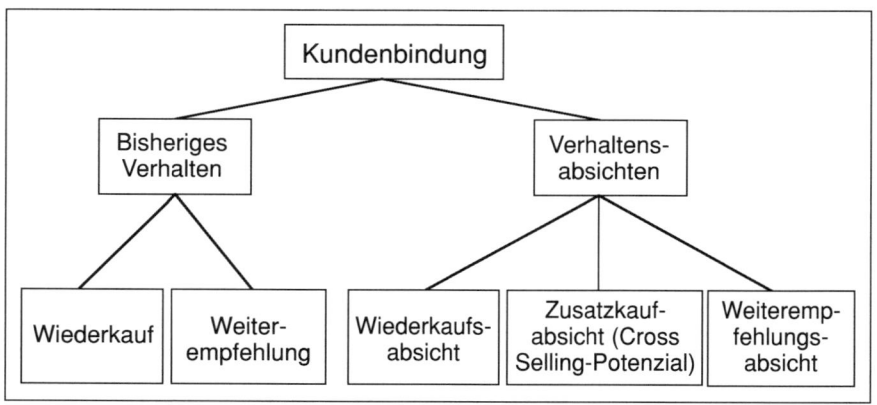

Abbildung 3:
Die Elemente der Kundenbindung (nach Homburg & Faßnacht, 2001, S. 451)

Kundenbindung wird am Kaufverhalten und an Weiterempfehlungen sichtbar

Mit Blick auf das bisherige Verhalten kann Kundenbindung am Kaufverhalten und den Weiterempfehlungen erkannt werden. Wer über einen bestimmten Zeitraum hinweg immer die Produkte oder Dienstleistungen des Unternehmens kauft, der ist – bislang – an das Unternehmen gebunden. Mit den hochentwickelten Instrumenten des modernen Controlling lässt sich das relativ einfach feststellen. Etwas schwieriger ist dagegen die Erfassung der Weiterempfehlungen. Hier ist es sinnvoll, soweit als möglich alle Neukunden systematisch danach zu befragen, wie sie den Weg zum Unternehmen gefunden haben. In der Weiterempfehlung erweist sich ein besonderer Wert der Kundenbindung für das Unternehmen: Loyale Kunden werben für das Unternehmen und ersparen damit Kosten für die Akquisition neuer Kunden (Hinterhuber & Matzler, 1999).

Gebundene Kunden zeichnen sich durch ihr Cross Selling-Potenzial aus

Kundenbindung umfasst aber mehr als nur das bisher gezeigte Verhalten: Loyale Kunden haben auch die Absicht, in Zukunft bei dem Unternehmen zu kaufen, sie wollen es bei Gelegenheit weiterempfehlen und – besonders wichtig – sind auch bereit, Zusatzkäufe zu tätigen. Das *Cross Selling-Potenzial* verschiedener Kundengruppen ermöglicht dem Unternehmen eine bessere Kalkulation vor der Entwicklung neuer Produkte und Dienstleistungen (Homburg & Faßnacht, 2001). Wer sich auf einen Stamm loyaler Kunden stützen kann, der kennt deren Bedürfnisse und ihre Bereitschaft, darauf abzielende Produkte zu kaufen.

Kundenbindung bringt den Unternehmen wirtschaftliche Vorteile. Loyale Kunden sind berechenbare Kunden, das verringert die Unsicherheit und ermöglicht eine bessere Planung der Zukunft. Entscheidend für die Kundenbindung ist aber das kundenorientierte Verhalten der Mitarbeiter.

18

3   Analyse der Bedingungen und Maßnahmen

Kundenorientierung zeigt sich im Verhalten der Mitarbeiter, das zunächst analysiert wird. Die wichtigsten Bedingungen der Kundenorientierung liegen zum einen in der Person des Mitarbeiters – seiner Einstellung, seiner Persönlichkeit und seiner Motivation –, zum anderen in der Situation. Vor allem durch das Führungsverhalten ausgelöste Rollenkonflikte und das Klima des Unternehmens wirken unmittelbar auf die Kundenorientierung der Mitarbeiter.

3.1   Kundenorientiertes Verhalten der Mitarbeiter

Kundenorientierung der Mitarbeiter umfasst drei Aspekte – einen fachlichen, einen sozialen und einen persönlichen. *Fachlich* gesehen muss der Mitarbeiter das Problem des Kunden lösen, das diesen zum Kontakt mit dem Unternehmen bewogen hat: Das können Beratungen in finanziellen Fragen, die Reparatur eines defekten Autos oder gesundheitliche Probleme sein – alles, was Unternehmen und Dienstleister anbieten, kommt hier in Frage (vgl. Nerdinger, 1994).

Kundenorientierung hat einen fachlichen, einen sozialen und einen persönlichen Aspekt

Die fachliche Lösung der Probleme der Kunden erfordert den persönlichen Kontakt, daher hat Kundenorientierung auch immer eine *soziale* Seite. Diese betrifft die Frage, *wie* sich der Mitarbeiter gegenüber dem Kunden verhält: Erkundet er den Bedarf des Kunden und versucht diesen zu befriedigen oder möchte er nur die Angebote des Unternehmens „an den Mann" bringen? Geprägt wird sein soziales Verhalten von seiner *persönlichen* Haltung, der *Einstellung* gegenüber der Arbeit mit Kunden: Ob der Mitarbeiter freundlich, höflich und einfühlsam oder aber kühl, distanziert und herablassend ist, hängt entscheidend davon ab, ob er seine Arbeit als Dienst am Kunden versteht oder lediglich als einen „Job".

Die folgenden Ausführungen beschränken sich auf die soziale und die persönliche Seite der Kundenorientierung, da diese – im Gegensatz zur fachlichen – für *alle* Begegnungen zwischen Kunde und Mitarbeiter ähnlichen Gesetzen gehorcht. Das bedeutet nicht, dass die fachliche Seite unwichtig wäre. Ganz im Gegenteil:

> Fachliche Kompetenz ist die Grundlage kundenorientierten Verhaltens!

Nur fachlich kompetente Mitarbeiter können die Bedürfnisse und Wünsche der Kunden so befriedigen, dass diese zufrieden sind. Eine grundlegende Aufgabe des Managements ist es daher, die Mitarbeiter fachlich zu qualifizieren, damit sie in der Lage sind, die Probleme der Kunden kompetent zu lösen.

Zwar ist die fachliche Kompetenz die Grundlage der Kundenorientierung, ob ein Mitarbeiter fachlich kompetent ist, zeigt sich aber erst im direkten Kontakt mit Kunden. In dieser Situation müssen sich die Mitarbeiter sozial angemessen verhalten. Ein angemessenes soziales Verhalten äußert sich in der Kommunikation mit dem Kunden, Kommunikation hat verbale und nonverbale Anteile.

3.1.1 Verbale Kommunikation

Die verbale Kommunikation, das Gespräch mit dem Kunden, dient der möglichst effizienten Abstimmung: Mitarbeiter und Kunde tauschen Nachrichten aus mit dem Ziel, ein Problem des Kunden zu lösen. Kundenorientiertes Verhalten setzt daher voraus, dass der Mitarbeiter ein Gespräch angemessen führen kann. Das klingt zunächst einfach, bei genauerer Betrachtung zeigen sich aber einige Schwierigkeiten: Ein und dieselbe Nachricht kann in vier verschiedenen Bedeutungen gesendet und empfangen werden, wie die folgende Darstellung verdeutlicht (vgl. Neuberger, 1996; Fiege, Muck & Schuler, 2001):

Nachrichten
werden mit ver-
schiedenen
Bedeutungen
gesendet und
empfangen

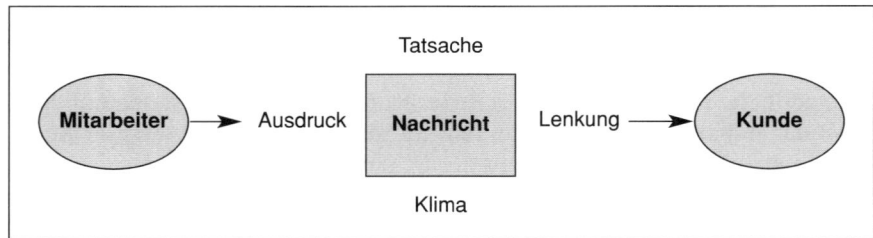

Abbildung 4:
Die vier Seiten einer Nachricht (nach Neuberger, 1996)

Tatsache, Aus-
druck, Lenkung
und Kontakt
sind die vier
Bedeutungs-
ebenen einer
Nachricht

Die vier Bedeutungen einer Nachricht lassen sich in dem Merkwort TALK abkürzen:
– Tatsache beschreibt den Inhalt einer Nachricht,
– Ausdruck die Darstellung der Befindlichkeit des Sprechers,
– Lenkung den Versuch, das Verhalten des Empfängers zu steuern und
– Klima sagt etwas über die Beziehung zwischen den Gesprächspartnern aus.

Das sei an einem Beispiel verdeutlicht. Ein Handelsvertreter sagt zu seinem Kunden „Für Sie mache ich einen besonders günstigen Preis". Diese Aussage kann folgende Bedeutungen haben:
– Tatsache: „Der Preis ist sehr günstig"
– Ausdruck: „Ich bin Ihnen gegenüber großzügig"
– Lenkung: „Schließe doch endlich zu meinen Bedingungen ab"
– Klima: „Wegen unserer guten Beziehung komme ich Ihnen entgegen"

20

Mit ein und demselben Satz können also recht unterschiedliche Bedeutungen vermittelt werden. Noch wichtiger ist, dass Kunden eine Aussage des Mitarbeiters häufig anders verstehen als es dieser gemeint hat. Das zeigt die folgende Untersuchung.

Handelsvertreter meinen, Kunden verstehen

Im Rahmen einer Untersuchung von über 1 300 Handelsvertretern und rund 130 ihrer Kunden wurde den Befragten unter anderem auch der Satz eines Handelsvertreters „Für Sie mache ich einen besonders günstigen Preis" vorgelegt. Sowohl die Handelsvertreter als auch die Kunden sollten angeben, was der Handelsvertreter mit diesem Satz meint. Folgende Ergebnisse wurden gefunden:

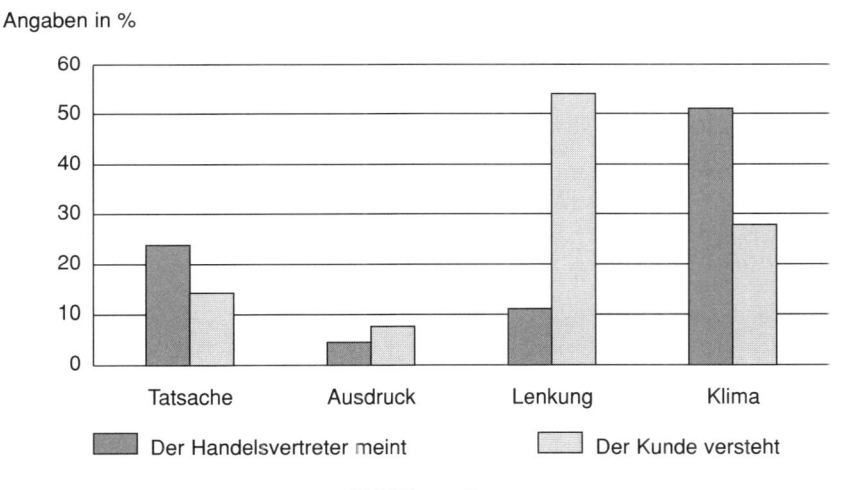

Abbildung 5:
Ergebnisse der Untersuchung

Die Mehrzahl (rund 51 %) der Handelsvertreter versteht den Satz ihres Kollegen als eine Aussage über das Klima in der Beziehung: „Wegen unserer guten Beziehung komme ich Dir entgegen". Dagegen verstehen die meisten Kunden (53%) darunter den Versuch einer Lenkung: „Schließe doch endlich zu meinen Bedingungen ab". Das verdeutlicht das grundlegende Misstrauen gegenüber Handelsvertretern: Kunden glauben, dass Handelsvertreter gewöhnlich nicht kundenorientiert, sondern lediglich an den eigenen Vorteilen interessiert sind und deshalb den Kunden zum Abschluss lenken wollen – und wer eine solche Meinung hat, kann anhand der Aussagen anderer leicht seine Meinung bestätigen (vgl. Sigl, Spieß, von Rosenstiel & Nerdinger, 1993).

Wenn Handelsvertreter eine Aussage über die Beziehung machen, verstehen die meisten Kunden darunter den Versuch einer Lenkung

Kundenorientiertes Gesprächsverhalten

Kundenorientierte Mitarbeiter müssen die unterschiedlichen Bedeutungen von Aussagen kennen und ihr Gesprächsverhalten auf den Kunden abstimmen. In folgender Weise können sie die vier Ebenen der Bedeutung von Aussagen berücksichtigen.

**Die Tatsachen-
ebene erfordert
die Verwendung
von Verständ-
lichmachern und
aktives Zuhören**

a) *Tatsachen:* Mitarbeiter sollen möglichst verständlich reden. Das bedeutet, sie müssen sich auf das Sprachniveau der Kunden einstellen. Fachjargon ist nur dann angemessen, wenn auch der Kunde ein Fachmann ist. Ansonsten sind alle Fachausdrücke möglichst zu vermeiden. Wer sich verständlich ausdrücken will, muss die folgenden *Verständlichmacher* berücksichtigen:
   – Einfache, kurze Sätze mit geläufigen Wörtern verwenden;
   – Längere Aussagen in sich gliedern und einen roten Faden erkennen lassen;
   – Sich auf das Wesentliche beschränken;
   – Anregungen in Form von Bildern, Vergleichen, Veranschaulichungen wählen;
   – Deutlich sprechen.

Spricht der Kunde, muss der Mitarbeiter *aktiv zuhören.* Dabei wird nicht nur konzentriert Information aufgenommen, sondern durch verbales und nonverbales Verhalten das Interesse an den Informationen aktiv ausgedrückt.

Regeln aktiven Zuhörens
– Blickkontakt halten;
– Körperhaltung dem Kunden zugewandt;
– Den Kunden verstärken (durch Kopfnicken, zustimmende Laute);
– Den Kunden ausreden lassen, nicht unterbrechen;
– Rückfragen zu den Aussagen des Kunden stellen;
– Seine Aussagen nicht bewerten;
– Die Aussagen zusammenfassen;
– Gesprächspausen aushalten, damit der Kunde Zeit hat, nachzudenken und seine Gedanken offen zu legen.

**Gefühle wer-
den nonverbal
vermittelt**

b) *Ausdruck:* Der Ebene des Ausdrucks kommt besondere Bedeutung zu, werden doch auf dieser Ebene Bedürfnisse und Wünsche vermittelt. Die Mitarbeiter müssen besonders sensibel darauf achten, wie Kunden ihr Befinden ausdrücken: Sie können dadurch die Wünsche der Kunden besser erkennen und erfüllen. So vermitteln sie den Eindruck von Interesse und Einfühlung, der letztlich zur Zufriedenheit der Bedienten führt. Wenn sie selbst sprechen, müssen sie darauf achten, dass sie ihre

22

Freude an der Arbeit im Kontakt mit dem Kunden erkennen lassen. Das wird durch nonverbale Kommunikation erreicht und im nächsten Abschnitt genauer dargestellt (s. Kap. 3.1.2).

c) *Lenkung:* Der Eindruck von Lenkung ist für den Mitarbeiter problematisch. Kundenorientierte Mitarbeiter vermeiden den Eindruck zu starker Lenkung, da sonst leicht die Gefahr entsteht, dass der Selbstwert des Bedienten verletzt wird. Stattdessen lenken sie durch eine ausgefeilte Fragetechnik das Gespräch – das ermöglicht die Führung, verstärkt den Eindruck von Interesse und führt zu den für die Problemlösung notwendigen Informationen:

Durch Fragen kann das Gespräch gelenkt werden

 – Offene Fragen stellen;
 – Jeweils nur eine Frage stellen;
 – Die Frage umkehrbar formulieren, das heißt so, wie sie auch der Gesprächspartner stellen kann;
 – Nach jeder Frage genügend Zeit zur Antwort lassen.

d) *Klima:* Nachrichten verraten einiges darüber, wie ihr Sender die Beziehung zum Empfänger versteht. Dieser Umstand muss in solchen Dienstleistungen besonders berücksichtigt werden, in denen Kunden gewöhnlich nicht über das notwendige Fachwissen verfügen, z. B. bei Bankdienstleistungen. Aus ihrem Wissensvorsprung entsteht bei manchen Mitarbeitern ein Gefühl der Überlegenheit, das sich gelegentlich sogar in belehrenden Aussagen äußert. Ähnlich verheerend ist die Wirkung, wenn der Kunde nicht ernst genommen wird – z. B. deutet die Aussage „Sind Sie sich da ganz sicher?" ein überlegenes Wissen an, das den Kunden verunsichern oder verärgern kann. Ein solcher Kommunikationsstil wird von den Kunden als arrogant erlebt und führt zu großer Unzufriedenheit.

Die Kommunikation darf niemals den Eindruck vermitteln, das sich der Mitarbeiter dem Kunden überlegen fühlt

 – Den Kunden ernst nehmen
 – Den Kunden niemals belehren
 – Keine Schuldzuweisungen an den Kunden

Die Beherrschung dieser grundlegenden Gesprächstechniken ist Voraussetzung kundenorientierten Verhaltens. Zur Bewältigung kritischer Gesprächssituationen müssen die Mitarbeiter im Kundenkontakt aber auch über Fähigkeiten im Konfliktmanagement verfügen.

Kommunikation in kritischen Situationen

Ganz besondere Bedeutung bekommt das kommunikative Geschick der Mitarbeiter in kritischen Situationen. Unabhängig von der Branche finden sich im direkten Kontakt zwischen Mitarbeitern und Kunden ähnliche kritische Ereignisse (Bitner, Booms & Mohr, 1994). Aus der Sicht der Mitarbeiter lassen sich zwei Klassen von Problemen unterscheiden. Die erste entsteht aus *unangemessenen Erwartungen* der Kunden und umfasst folgende Ereignisse:

Unangemessene Erwartungen der Kunden führen leicht zu kritischen Situationen

23

- *Unvernünftige Forderungen*: Die Kunden äußern Wünsche, die unüblich sind, z. B. sagt ein Fluggast zur Stewardess: „Setzen Sie sich zu mir – ich flieg' nicht gerne allein".
- *Forderungen, die gegen Bestimmungen des Unternehmens verstoßen*, z. B. im Hotel: „Lassen Sie meinen Sohn mit in die Bar – er ist bereits 19 Jahre alt" (obwohl der Sohn ganz offensichtlich jünger ist).
- *Verhalten, das den Normen zwischenmenschlichen Umgangs zuwiderläuft*, z. B. sagt ein Kunde zu einem Hotel-Angestellten „Richten Sie mein Zimmer, Sie Idiot!".
- *Trunkenheit und damit verknüpfte unakzeptable Forderungen an die Mitarbeiter*: „Wir zahlen für das Hotelzimmer, dann können wir hier auch eine Party feiern".
- *Verstoß gegen soziale Normen*: „Die Leute im Zimmer neben mir lassen den Fernsehapparat so laut laufen, dass ich nicht schlafen kann".
- *Spezielle Bedürfnisse*: Kunden lassen psychologische, medizinische oder einfach Sprachprobleme erkennen.

Mitarbeiter müssen den Kunden die Unangemessenheit ihrer Erwartungen verdeutlichen, ohne sie zu verärgern

Bei diesen Vorfällen sollen die Mitarbeiter den Kunden klar machen, dass ihre Erwartungen unangemessen sind. Das muss aber in einer Form geschehen, die den Kunden nicht beleidigt, sondern ihn zur Einsicht bewegt. Diese schwierige Aufgabe können Mitarbeiter nur bewältigen, wenn sie sich der Unterstützung des Managements sicher sind. Darin liegt aber ein besonderes Problem, da überzogene Erwartungen von Seiten der Kunden teilweise durch überzogene Versprechungen der Unternehmen hervorgerufen werden: Wenn z. B. ein Unternehmen von den Mitarbeitern fordert, sich an der offensichtlich unsinnigen Leitlinie „der Kunde hat immer recht!" zu orientieren, können die Mitarbeiter unangemessenes Kundenverhalten nicht korrigieren. Das ist aber vor allem wichtig, wenn das Verhalten von Kunden andere Kunden belästigt und damit zu *deren* Unzufriedenheit führt.

Das Management darf keine unrealistische Erwartungen an die Mitarbeiter haben

Solche Verhaltensrichtlinien, die manche Unternehmen ihren Mitarbeitern vorgeben, haben fatale Auswirkungen. Die Mitarbeiter müssen den Stress ertragen, der entsteht, wenn sie in Problemsituationen nicht authentisch reagieren dürfen. In der Folge nimmt ihre Sicherheit im Kundenkontakt ab, unsicheres Verhalten der Mitarbeiter führt aber zur Unzufriedenheit der Kunden!

Unrealistische Forderungen an die Mitarbeiter führen letztlich zur Unzufriedenheit der Kunden

Unrealistische Forderungen von Seiten des Managements unterbinden authentisches Verhalten der Mitarbeiter mit der Folge, dass die Kunden gerade über deren „falsche Freundlichkeit" klagen.

Um solche negativen Folgen zu vermeiden, machen sich kundenorientierte Unternehmen Gedanken über den Umgang mit schwierigen Kunden und über die Möglichkeiten ihrer Mitarbeiter, kritische Situationen zu bewältigen (Bumbacher, 2000). Dabei ist es besonders wichtig, die Meinung der

24

Mitarbeiter mit Kundenkontakt angemessen zu berücksichtigen. Wenn die Betroffenen mitentscheiden können, welche Regeln für den Umgang mit Kunden sinnvoll sind und welche Verhaltensweisen die Mitarbeiter vor unangemessenem Verhalten von Kunden schützen, fühlen sich die Mitarbeiter sicherer im Umgang mit den Kunden. Dabei ist u. a. zu klären:

Die Mitarbeiter sollten über die Richtlinien des Verhaltens im Umgang mit Kunden mitentscheiden

- Wann ist der Punkt erreicht, an dem ein Mitarbeiter den Kontakt mit dem Kunden abbrechen kann?
- Welches Verhalten des Kunden darf er in welcher Form verbal in die Schranken weisen?
- Unter welchen Umständen ist es angemessen, einen Kunden an einen Kollegen zu verweisen?

Werden den Mitarbeitern mit Kundenkontakt solche Kompetenzen zugebilligt, stärkt das ihr Gefühl der Selbstwirksamkeit: Die Mitarbeiter fühlen sich nicht ohnmächtig unkontrollierbaren Situationen oder gar der Willkür schwieriger Kunden ausgeliefert und entwickeln gerade dadurch die für guten Service notwendige Sicherheit und Souveränität!

Die zweite Klasse von Problemen entsteht aufgrund von *Schwierigkeiten im Service-System* oder durch *Fehler der Mitarbeiter* (Bitner et al., 1994):

Fehler im System und Fehler der Mitarbeiter führen zu kritischen Situationen

- *Nicht verfügbarer Service oder fehlende Produkte*, z. B. beim Einchecken ins Flugzeug „Ich habe einen Platz am Fenster bestellt".
- *Langsamer Service*: „Wir sind seit 30 Minuten hier und konnten noch nicht einmal bestellen".
- *Unakzeptabler Service, Produkte mit Qualitätsmängeln*: „Das Zimmer wurde nicht aufgeräumt".

In diesen Fällen müssen die Mitarbeiter unmittelbar reagieren: Sie müssen sich in die berechtigte Verärgerung der Kunden einfühlen, seine Gefühle respektieren und dann den Fehler korrigieren. Entscheidend ist hier die Frage, ob der Fehler im Verfahren aufgetreten ist, das heißt durch das Verhalten des Mitarbeiters verschuldet wurde, oder im System, ob also das Ergebnis fehlerhaft war (Chase & Dasu, 2001).

Fehler müssen angemessen korrigiert werden

Fehler im Ergebnis verlangen nach einem materiellen Ausgleich, für eine schlechte Behandlung durch die Mitarbeiter muss man sich entschuldigen!

Wenn der Gast in einem Restaurant mit dem Essen zufrieden ist, aber sich über das unhöfliche Benehmen des Kellners geärgert hat, ist das ein ganz anderes Problem als der umgekehrte Fall. Für das Verhalten des Mitarbeiters muss man sich entschuldigen, das schlechte Essen muss ausgetauscht und durch ein adäquates Angebot ersetzt werden – eine bloße Entschuldigung genügt nicht.

Mitarbeiter müssen sich für Fehler entschuldigen oder sie kompensieren

Die richtige Reaktion der Mitarbeiter auf Fehler im Service ist entscheidend für die Zufriedenheit der Bedienten. Reagieren die Mitarbeiter mit einem mitfühlenden Eingeständnis des Fehlers – auch und gerade eines Fehlers, den sie nicht selbst verursacht haben – bzw. einem spontanen Angebot der Kompensation, dann erinnern sich die Kunden positiv an den Vorfall und sind unter Umständen sogar zufriedener als mit einer völlig reibungslos verlaufenden Dienstleistung (Zeithaml & Bitner, 1999). Hier wird wieder die Bedeutung der Unterstützung durch das Management deutlich, das die Mitarbeiter zu spontanen Kompensationen ermuntern und sie nachträglich absichern muss. Noch besser ist es, die Kompetenzen der Mitarbeiter so zu erweitern, dass sie in eigener Verantwortung handeln und kritische Situationen lösen können. Das wird auch als *Empowerment* der Mitarbeiter bezeichnet (Bowen & Lawler, 1998): Zum Beispiel kann in der Hotelkette „Ritz-Carlton" jeder Mitarbeiter über einen Betrag bis zu 2 000 US-Dollar pro Jahr verfügen, um einen Beschwerdegrund sofort aus der Welt zu schaffen.

Fehlermanagement erfordert Empowerment

3.1.2 *Nonverbale Kommunikation*

Mit nonverbalem Verhalten können Nachrichten übermittelt werden

Nachrichten werden nicht nur sprachlich übermittelt, bei der Begegnung mit einem anderen Menschen werden auch aus seinem Verhalten die verschiedensten Informationen entnommen. Die Übertragung von Nachrichten ohne Sprache bezeichnet man als nonverbale Kommunikation. Mit jedem nicht-sprachlichen Verhalten *können* Nachrichten übertragen werden. Das bedeutet aber nicht, wie manchmal behauptet wird, dass mit jedem Verhalten anderen eine Nachricht vermittelt *wird*. Vielmehr besteht umgekehrt die Neigung, aus jedem Verhalten eines Gesprächspartners Rückschlüsse über ihn zu ziehen. Wer z. B. in die Sonne sieht, wird blinzeln. Damit will er bestimmt niemandem eine Nachricht übermitteln. Sein Gesprächspartner kann das richtig erkennen, oder aber er glaubt, das Blinzeln gelte ihm. In diesem Fall wird er nach einer Bedeutung für das Verhalten suchen (Frey, 1999; Forgas, 1999).

Menschen haben die Neigung, nonverbalem Verhalten eine Bedeutung zuzuschreiben

Verhalten gibt Hinweise auf Gefühle

Diese Neigung, jedem Verhalten eine Bedeutung zuzuschreiben, hat vermutlich biologische Gründe: Das Verhalten anderer gibt uns wertvolle Hinweise über ihren Gefühlszustand. So konnten unsere tierischen Ahnen auch ohne Sprache erkennen, ob von einem anderen Wesen derselben Art Gefahr ausgeht oder ob sie ihm vertrauen können. Die erlebten Gefühle sind mit nonverbalem Verhalten verbunden, wird das Verhalten von anderen Menschen wahrgenommen, schließen sie aus dem nonverbalen Verhalten auf die Gefühle dessen, der das Verhalten gezeigt hat. Das veranschaulicht die folgende Darstellung auf Seite 27.

Durch nonverbales Verhalten können Gefühle vorgetäuscht werden

Im Laufe der stammesgeschichtlichen Entwicklung des Menschen ist dieser Prozess allerdings sehr viel komplizierter geworden. So stehen heute erheblich mehr Möglichkeiten zur Verfügung, um durch nonverbales Verhalten bei anderen einen bestimmten Eindruck zu erzeugen. Zum Beispiel können wir durch gezielte Gestaltung unseres Äußeren, durch Kleidung, Schmuck oder Accessoires andere beeindrucken (oder es zumindest versuchen). Vor allem aber können Menschen nonverbales Verhalten bewusst einsetzen, ohne die entsprechenden Gefühle zu erleben. So signalisieren wir gelegentlich

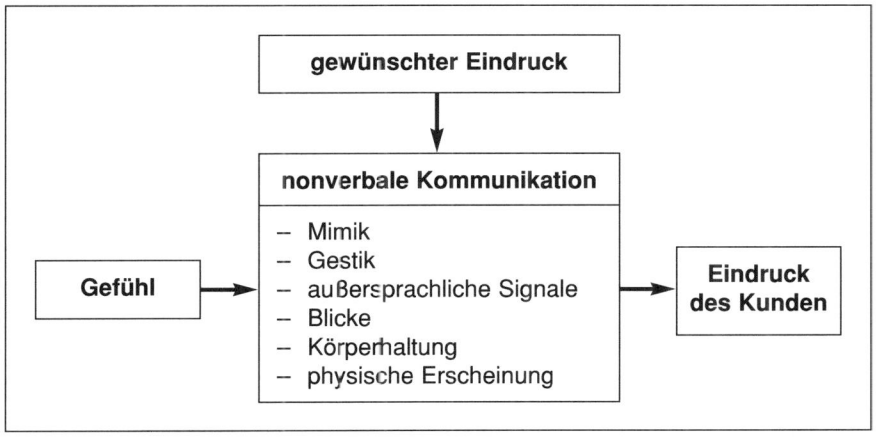

Abbildung 6:
Der Prozess der nonverbalen Kommunikation

durch ein Lächeln und eine zugewandte Körperhaltung Freude darüber, einen anderen zu sehen, ohne dieses Gefühl tatsächlich zu empfinden. Allerdings zeigt das Beispiel auch, dass dem Vorspielen von Gefühlen Grenzen gesetzt sind: In diesem Fall reicht das Lächeln nur bis zu den Augen! Bei einem echt empfundenen Lächeln verändert sich auch die um die Augen liegende Muskulatur. Das geschieht unwillkürlich, das heißt, wir können die betreffenden Muskeln, die um den Augen liegen, nicht bewusst beeinflussen. Daher kann man das Gefühl der Freude nicht vollständig vorspielen – „falsche Freundlichkeit" lässt sich recht gut an den Augen erkennen (Ekman, 1988).

Diese Erkenntnisse haben für die Arbeit im direkten Kontakt mit den Kunden große Bedeutung. Kunden schließen aus dem Verhalten der Mitarbeiter des Unternehmens auf die Gefühle, die diese ihnen gegenüber hegen. Kundenorientierung wird in hohem Maße nonverbal vermittelt. Welche Wege stehen dafür zur Verfügung (vgl. Homburg & Stock, 2000)?

Kundenorientierung vermittelt sich durch nonverbales Verhalten

Nonverbale Kommunikationskanäle

a) *Mimik:* Mit dem Gesichtsausdruck – der Mimik – können die meisten Gefühle vermittelt werden. Die Vielzahl der Muskeln im Gesicht ermöglicht ein ungemein differenziertes Ausdrucksverhalten – allein neunzehn verschiedene Formen des Lächelns lassen sich sehr genau unterscheiden (Flammer, 1997). Die Mimik ist zweifellos der wichtigste nonverbale Kommunikationskanal, daher richtet sich die Aufmerksamkeit bei der Begegnung mit anderen Menschen in erster Linie auf die Mimik des Partners. Bereits der große Naturforscher Charles Darwin hat beschrieben, wie sich in der Mimik bestimmte Gefühle zeigen (Darwin, 1872/ 2000; vgl. Nerdinger, 2001a):

Die Mimik ist der wichtigste nonverbale Kommunikationskanal

27

– *Freude/Glück:* Der Mund ist geöffnet mit nach hinten und oben gezogenen Mundwinkeln; die Oberlippe ist etwas angehoben, unter und neben den Augen zeigen sich Fältchen;
– *Trauer/Verzweiflung:* Die Mundwinkel sind gesenkt, die inneren Enden der Augenbrauen angehoben;
– *Furcht/Angst:* Weit geöffneter Mund und aufgerissene Augen, zusammengezogene Pupillen;
– *Ärger/Wut:* Senkrechte Falten auf der Stirn, zurückgezogene oder zusammengepresste Lippen;
– *Abscheu:* Naserümpfen, leichtes Heben der Nase, senkrechte Falten auf der Stirn und geöffneter Mund.

Freundlichkeit, Interesse und Einfühlung werden vor allem der Mimik entnommen

Die Mimik kann im Gespräch auch gezielt eingesetzt werden, sie wirkt dann belohnend, bestrafend, zustimmend oder missbilligend: Zum Beispiel bestätigt ein bewundernder Gesichtsausdruck des Mitarbeiters den exquisiten Geschmack des Kunden, ein Stirnrunzeln deutet die Missbilligung einer Äußerung an. Kunden erwarten von den Mitarbeitern vor allem Freundlichkeit, Interesse und Einfühlung (Nerdinger, 1998). Hinweise darauf entnehmen sie in erster Linie der Mimik!

Empfehlungen für die Mimik
Lächeln signalisiert Freundlichkeit und Sympathie nur dann, wenn die entsprechenden Gefühle erlebt werden. *Stereotype Mimiken*, z. B. Augenblinzeln, Lippenknabbern etc., wirken ablenkend. *Drohende Mimiken*, z. B. Zusammenbeißen der Zähne, Hochziehen der Augenbrauen etc., signalisieren Aggressivität und sollten unbedingt vermieden werden.

Die Gestik unterstützt das Gespräch

b) *Gestik:* Sprechen wird häufig von Gesten begleitet – in südeuropäischen Ländern besonders intensiv. Inhaltlich sind Gesten zwar wenig aussagekräftig, vor allem die Gestik der Hände kann aber das Gespräch vielfältig unterstützen. Solche Handbewegungen dienen der
– Verdeutlichung der Redestruktur;
– Betonung und Veranschaulichung der Rede;
– Umrahmung der Rede durch nonverbale Zusatzinformationen;
– Rückkoppelung vom und zum Zuhörer;
– Signalisierung von Aufmerksamkeit und Zustimmung.

Gesten interpretieren Aussagen und steuern den Gesprächsfluss

Mit Gesten lassen sich sprachliche Aussagen interpretieren. Durch eine ehrfurchtsvolle Berührung kann ein Verkäufer die Kostbarkeit des angepriesenen Produkts unterstreichen (Nerdinger, 2001a). Andere Gesten dienen dazu, den Gesprächsfluss zu steuern. Zum Beispiel kann durch eine abwehrende Geste der Hände ein Einwand unterbunden werden. Auch Beginn und Ende einzelner Gesprächsphasen lassen sich durch

Gesten verdeutlichen. Besonders wichtig ist es, dass Gestik und Mimik mit dem Gesagten übereinstimmen, da sonst leicht Misstrauen entsteht.

Eine spezielle Geste ist das Händegeben, das Beginn und Ende eines Gesprächs begleitet oder einen Geschäftsabschluss besiegelt. Mit einem Handschlag wird ein Vertrauensverhältnis zum Gesprächspartner signalisiert, daher ist ein verweigerter Handschlag eine Form der Beleidigung, die als Ablehnung oder gar Gegnerschaft interpretiert wird. Auch die Art des Handschlags ist wichtig: In Trainings wird gelegentlich das „richtige Händegeben" geübt, da ein zu harter Händedruck ebenso unangenehm ist wie ein zu lascher. *Der Händedruck hat besondere Bedeutung für die Beziehung*

Empfehlungen für die Gestik
Die *Gestik* muss mit der gesprochenen Botschaft übereinstimmen (nicht: „offen gesagt …" sagen und dabei die Arme verschränken). *Verlegenheitsgesten*, wie z. B. Bleistift kauen, an das Brillengestell fassen etc., vermitteln Unsicherheit und sollten vermieden werden. *Dominante Gesten*, wie z. B. mit dem Zeigefinger in die Luft stoßen, den Zeigefinger erheben, signalisieren Drohung und Abwehr und sollten daher vermieden werden. Die *Hände* nicht zulange hinter dem Rücken verstecken, da sonst leicht der Eindruck von Verschlossenheit entsteht.

c) *Außersprachliche Signale:* Zu den außersprachlichen Signalen zählen alle Laute, die zwar sprechend ausgedrückt, aber nicht in Worte gefasst werden. Außersprachliche Signale erfüllen verschiedene Funktionen, die wichtigste ist der Ausdruck von Gefühlen. Für einige Gefühle lassen sich ganz bestimmte akustische Profile nachweisen (Pittam & Scherer, 1993): *Außersprachliche Signale dienen vor allem dem Ausdruck von Gefühlen*

- *Freude:* Erhöhung der Stimmlage, des Stimmumfangs und der Intensität;
- *Ärger/Wut:* Erhöhte Stimmlage und Intensität, Anstieg der Energie in den Stimmfrequenzen;
- *Trauer/Niedergeschlagenheit:* Senkung der Stimmlage und der Intensität, Verringerung der Sprechgeschwindigkeit;
- *Angst/Furcht:* Stark erhöhte Stimmlage und Stimmumfang, Erhöhung der Energie in den hohen Stimmfrequenzen.

Von der Stimme wird auch auf die Persönlichkeit geschlossen. Eine dunkle Stimme signalisiert Liebenswürdigkeit, eine dünne, scharfe und hohe Stimme wirkt feindselig. Menschen mit einer rauen und warmen Stimme werden als gewissenhaft erlebt, aus scharfen und dunklen Stimmen wird auf Durchsetzungsvermögen geschlossen. Auch das Sprechtempo führt zu Schlüssen auf die Persönlichkeit: Gewöhnlich steigt die zugeschriebene Kompetenz mit dem sprachlichen Tempo, allerdings wird *Aus Stimme und Sprechtempo wird auf die Persönlichkeit geschlossen* ein „schneller Sprecher" als weniger freundlich, höflich und liebenswert erlebt. Sprechtempo und Stimmvolumen haben starken Einfluss auf den Gesprächspartner: Eine monotone, ausdruckslose Stimme wirkt einschläfernd, dagegen aktiviert lebendiges, ausdrucksstarkes Sprechen.

Die Stimmhöhe akzentuiert das Gespräch

Durch die Stimmhöhe können Gespräche auch akzentuiert werden – zur Betonung einer Feststellung, zur Verdeutlichung einer Frage und anderes mehr. Vor allem in solchen Dienstleistungen, die in erster Linie telefonischen Kontakt mit den Kunden erfordern – exemplarisch natürlich in Call Centern (Metz, Rothe & Degener, 2002) –, ist bei der Auswahl von Mitarbeitern auf die stimmlichen Qualitäten zu achten.

Der Blickkontakt dient der Steuerung von Gesprächen und der Rückmeldung

d) *Blicke:* Blicke sind zur Steuerung von Gesprächen wichtig. Besondere Bedeutung hat dabei der Blickkontakt, das gegenseitige Anblicken der Gesprächspartner. Die Dauer des Blickkontakts hängt von verschiedenen Merkmalen ab, so blicken z. B. Frauen den Gesprächspartner häufiger an als Männer und lebhafte, extravertierte Menschen halten häufiger und länger Blickkontakt. Blickkontakt dient der Rückmeldung im Gespräch, wobei ganz bestimmte Regeln gelten (Weinberg, 1986):

– Durch Blickkontakt wird Interesse und Bereitschaft zu einem Gespräch signalisiert;
– Beim „Aufeinander-Zugehen" wird zuerst der Blick abgewendet, bei der Begrüßung sucht man den Blickkontakt;
– Mit Blicken wird das Gespräch begleitet und kommentiert und man zeigt damit seine Aufmerksamkeit;
– Zuhörer schauen den Sprecher häufiger an als Sprecher den Zuhörer. Sprecher blicken vor allem auf den Zuhörer, um die Wirkung des Gesagten zu überprüfen;
– Auch Gesprächspausen werden durch Blicke gesteuert: Pausen werden kürzer, wenn der Blick länger wird;
– Am Ende einer Rede erfolgen abschließende Blicke, die zur Antwort auffordern;
– Je schwieriger, intimer und gefühlsbeladener das Gespräch abläuft, desto weniger Blickkontakt wird aufgenommen;
– Blicke dienen auch dazu, das emotionale Gesprächsklima zu regulieren: Gezielte Blicke können die Erregung des Gesprächspartners erhöhen, kontinuierliches mildes Blicken kann dagegen die Aggression hemmen;
– Aus fehlenden Blicken wird auf mangelndes Interesse geschlossen, wer seinen Gesprächspartner ansieht, den erlebt man als glaubwürdig und vertrauenswürdig.

Aus diesen Erkenntnissen lassen sich folgende Empfehlungen für den direkten Kontakt mit dem Kunden ableiten (Weinberg, 1986).

Empfehlungen für den direkten Kundenkontakt
– Durch höhere Blickkontaktfrequenz kann der Kunde aktiviert und die Aufnahme von Informationen verbessert werden.
– Durch vermehrte Blickkontakte steigt der Eindruck von Sympathie, Vertrauen und Glaubwürdigkeit.
– In kritischen Situationen (z. B. bei Reklamationen) den Blickkontakt halten, durch mildes Blicken die Aggression verringern.
– Blicke, die zum Sprechen oder zum Zuhören auffordern, müssen beachtet werden, um so eine angenehme und störungsfreie Kommunikation zu ermöglichen.

e) *Körperhaltung:* Die Körperhaltung umfasst die Grundpositionen, also Sitzen, Stehen, Liegen. Gegenüber einem Gesprächspartner kann sich darin der Status ausdrücken: Alle Zeichen des „sich klein Machens" wie z. B. die Verbeugung sind gewöhnlich ein Zeichen von Höflichkeit oder gar Demut. Die Orientierung des Körpers drückt die gegenüber dem Gesprächspartner eingenommene Position aus, eine frontale Stellung nimmt der Statushöhere ein. Mit Körperbewegungen und -haltungen lassen sich auch verschiedene Gefühle ausdrücken, vor allem Zuwendung, aber auch Trauer und Enttäuschung.

In der Körperhaltung drückt sich der Status aus

Wichtig für das Gelingen des Gesprächs ist das räumliche Verhalten, vor allem das Vermeiden von Verletzungen des persönlichen oder intimen Raums. Jeder Mensch ist von einer unsichtbaren, blasenförmigen „Intimsphäre" umgeben (Forgas, 1999). Diese „Blase" ist ungleich verteilt, für das Territorium hinter oder neben uns beanspruchen wir weniger Raum als vor dem Angesicht. Kommt ein fremder Mensch zu nahe und dringt in diesen Raum ein, so wird das als aufdringlich, unangenehm, ärgerlich oder als Verletzung der Intimsphäre erlebt. Gewöhnlich werden diese Zonen ganz selbstverständlich eingehalten, manche Menschen müssen dafür allerdings im Rahmen von Trainings erst sensibilisiert werden.

Der „intime Raum" des Gesprächspartners darf nicht verletzt werden

Empfehlungen zur Körperhaltung
– Wenn der Kontakt im Stehen stattfindet, sollte man gerade, aber nicht steif stehen. Das gibt Sicherheit und weckt Vertrauen
– Beim Sitzen eine ähnliche Haltung wie der Kunde einnehmen
– Weder zu angespannt, noch zu leger sitzen. Das eine signalisiert Unsicherheit, das andere Langeweile
– Möglichst keine konfrontierende Sitzposition einnehmen, sondern schräg gegeneinander oder nebeneinander sitzen.
– Extreme Bewegungen (zu lebhaft oder zu leblos) können ablenkend wirken und sollten vermieden werden

- Festgefahrene Gespräche können durch Körperbewegungen wieder in Gang gebracht werden (z. B. durch die Veränderung der Körperhaltung)
- Nicht hin und her schaukeln, dadurch entsteht der Eindruck von Unruhe

f) *Physische Erscheinung:* Auch mit Gegenständen kann nonverbal kommuniziert werden. Dabei sind folgende materielle Hilfsmittel der Kommunikation besonders wichtig:
- Zur äußeren Erscheinung beitragende Gegenstände wie Kleidung, Schmuck und andere Accessoires;
- Persönliche Gebrauchsgegenstände wie Auto, Handy oder „Diplomatenköfferchen";
- Alles, was zum Teil der Begegnung mit dem Kunden wird wie z. B. Mahlzeiten und Geschenke;
- Die Gestaltung der Umwelt, sofern Kunden in den Geschäftsräumen empfangen werden.

Von zentraler Bedeutung ist die Kleidung (Rafaeli, 1993). In vielen Bereichen, z. B. im Einzelhandel, finden sich uniformähnliche Bekleidungsvorschriften, ein angemessenes Erscheinungsbild ist im Kundenkontakt immer vonnöten. Kleidung vermittelt verschiedene Informationen über seinen Träger:

- *Persönliche Identität:* Kleidung sagt etwas darüber aus, wie sich ein Mensch selbst sieht und wie er gesehen werden möchte.
- *Soziale Identität:* Durch Kleidung wird die Zugehörigkeit zu einer sozialen Gruppe und damit zugleich die Abgrenzung von anderen Gruppen signalisiert.
- *Status:* In der Kleidung drückt sich die gesellschaftliche Position aus, häufig wird das noch durch Schmuckstücke verstärkt. Mitarbeiter sollten sich nicht durch Kleidung über die Kunden stellen – eine Neigung, die man gelegentlich bei Verkäufern im Außendienst beobachten kann (Nerdinger, 2001a) –, das verunsichert die Kunden und führt leicht zum Eindruck von Arroganz.

Allgemeingültige Aussagen über die physische Erscheinung sind kaum möglich, allerdings sollte sie immer auf die Kunden abgestimmt sein. Ein Versicherungsvertreter, der einem Landwirt seine Policen erläutern will, sollte möglichst nicht im Armani-Anzug erscheinen – dadurch signalisiert er einen Unterschied zwischen sich und dem Kunden, der dem Gesprächsziel abträglich ist.

Der Ausdruck von Gefühlen im Kundenkontakt

Für die Mitarbeiter mit Kundenkontakt stellt die nonverbale Kommunikation eine besondere Herausforderung dar. Im Alltagsleben gelten ganz bestimmte Regeln der Gefühlsdarstellung: Zum Beispiel zeigt man auf einer

Beerdigung Trauer, auf einer Hochzeit Freude, auf eine Beleidigung durch einen Gesprächspartner Empörung oder Verachtung (Nerdinger, 1994). Bei der Begegnung mit dem Kunden werden diese Regeln zum Teil außer Kraft gesetzt, z. B. muss die Mitarbeiterin einer Fluggesellschaft bei einer Verspätung, für die sie ja nun wirklich nicht verantwortlich ist, den Ärger der Fluggäste klaglos ertragen. Sie muss zudem Verständnis für den Ärger zeigen und dabei immer freundlich und höflich bleiben. Wie kann das gelingen? Sie kann versuchen, ihre tatsächlich erlebten Gefühle des Ärgers zu unterdrücken und die erwünschten Gefühle der Sympathie und des Mitgefühls vorzuspielen. Oder aber sie versucht, die erwünschten Gefühle tatsächlich zu erleben. In diesem Fall wird sich der entsprechende Gefühlsausdruck automatisch einstellen (vgl. Nerdinger, 2001c).

Im Kundenkontakt sind die alltäglichen Regeln der Gefühlsdarstellung außer Kraft gesetzt

Gefühle vorspielen fällt meistens relativ leicht. Im Rahmen von Trainings kann der entsprechende Ausdruck verdeutlicht und durch Videofeedback der eigene Ausdruck korrigiert werden. Das Vorspielen von Gefühlen hat allerdings gravierende Nachteile. Da der Ausdruck ohne innere Beteiligung erfolgt, wirkt er mechanisch und wird von den Kunden leicht durchschaut – das typische Beispiel ist die bereits erwähnte „falsche Freundlichkeit". Ein „aufgesetztes Verhalten" löst aber bei den Kunden leicht Unzufriedenheit, gelegentlich sogar Verärgerung aus.

Vorgespielte Gefühle sind leicht zu durchschauen und führen zu Verärgerung

Anspruchsvoller ist es, seine *eigenen Gefühle* so zu beeinflussen, dass das erwünschte nonverbale Verhalten automatisch entsteht. Dafür eignen sich verschiedene Methoden, die nach intensiver Übung sehr wirksam sind (Rastetter, 1999):

Beeinflussung eigener Gefühle

– Durch Methoden der *körperlichen Entspannung* kann innere Ruhe in Situationen erreicht werden, in denen unerwünschte Gefühle auftreten können. Zum Beispiel müssen Flugbegleiter einsteigende Gäste so empfangen, dass diese das Gefühl haben, herzlich willkommen zu sein. Vor dieser kritischen Situation können sich unsichere Flugbegleiter kurz zurück ziehen und durch gut geübte Entspannungstechniken einen Zustand der inneren Ruhe erzeugen, der sich dann als Ausdruck souveräner Sicherheit und gastlicher Freundlichkeit zeigt.
– In manchen Berufen besteht die Möglichkeit, sich *vor dem Kontakt* mit den Kunden *in Stimmung zu bringen*. So hören sich manche Tanzlehrer vor der Tanzstunde laut ihre Lieblingsmusik an und versetzen sich damit in einen Zustand der Begeisterung. Wenn sie anschließend ihre Kunden empfangen, überträgt sich ihre euphorische Stimmung sehr schnell auf die Tanzschüler.
– Durch *Konzentration* auf die Aufgabe, die damit verbundenen Ziele und die Bedürfnisse der Klienten lassen sich unerwünschte emotionale Regungen vermeiden. Auch diese Konzentrationsfähigkeit kann man gut trainieren. Das führt dazu, dass die eigenen Gefühle in dieser Situation nicht mehr bewusst werden und stattdessen die Wünsche und Bedürfnisse des Kunden das Denken leiten. Das zeigt sich im Gefühlsausdruck.

33

– Mitarbeiter im Kundenkontakt können auch aktiv Gedanken, Bilder und Erinnerungen hervorrufen, die mit den erwünschten Gefühlen verbunden sind. Dazu benötigen sie ein gut trainiertes *Gefühlsgedächtnis*, in dem möglichst viele Situationen gespeichert sind, die jeweils intensive Gefühle ausgelöst haben. Durch Aktivierung der inneren Bilder dieser Situationen lassen sich die früher erlebten Gefühle wieder wach rufen. So kann z. B. eine Krankenschwester angesichts eines launischen und ungeduldigen Patienten an ein Kind denken, das sich vor einer ungewohnten Situation fürchtet. Sie deutet dann das ungebührliche Verhalten des Patienten als Ausdruck seiner Angst, für die er nicht verantwortlich ist. Gelingt ihr das, wird sie ähnlich nachsichtige und zuwendende Gefühle wie gegenüber einem verängstigten Kind erleben und den entsprechend fürsorglichen Gefühlsausdruck zeigen.

Diese Techniken zur Kontrolle der eigenen Gefühle und des Gefühlsausdrucks sind in kritischen Situationen sehr hilfreich. Allerdings sind sie auf lange Sicht gesehen nicht unproblematisch, können sie doch dazu führen, dass der Mitarbeiter den Kontakt zu den eigenen Gefühlen verliert (Zapf, 2002). Als Folge droht das sogenannte *Burnout*, das „Ausbrennen" der Mitarbeiter: Die Betroffenen fühlen sich ausgelaugt, erledigt, emotional erschöpft und frustriert, die Arbeit mit Menschen wird für sie zunehmend zur Strapaze. Ausgebrannte Mitarbeiter behandeln die Kunden als unpersönliche „Nummer", gegenüber dem Unternehmen äußern sie sich zynisch. Solche Folgen sind aber nur zu befürchten, wenn die Mitarbeiter Kundenorientierung als Zwang erleben, der ihnen gegen ihren Willen von außen auferlegt wird (Nerdinger & Röper, 1999). Das bedeutet:

Einwirken auf die eigenen Gefühle kann zu Burnout führen

> Die Mitarbeiter müssen überzeugt sein, dass die Kunden einen berechtigten Anspruch auf ein angemessenes nonverbales Verhalten haben. Nur dann können sie ihre eigenen Gefühle unbeschadet so beeinflussen, dass die Begegnung für den Kunden und für sie selbst ein angenehmes und befriedigendes Erlebnis wird.

3.1.3 Anpassung an den Kunden

Kundenorientiertes Verhalten ist adaptives Verhalten

Mit der verbalen und der nonverbalen Kommunikation wurden die entscheidenden Mittel kundenorientierten Verhaltens dargestellt. Das war eine statische Betrachtung. Sieht man die Begegnung mit dem Kunden als Prozess, so zeigt sich das Wesen der Kundenorientierung in einer Anpassung an das Verhalten des Kunden: Kundenorientiertes Verhalten ist adaptives Verhalten! Die folgende Darstellung verdeutlicht den Prozess der Anpassung an das Verhalten des Kunden, den Ablauf des adaptiven Verhaltens:

34

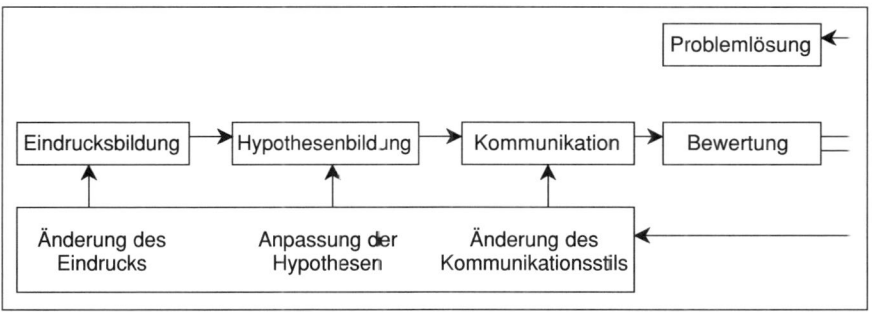

Abbildung 7:
Der Prozess adaptiven Verhaltens (nach Weitz, 1978)

Am Beginn jeder Begegnung mit Menschen steht die *Eindrucksbildung* – auf der Grundlage der Erfahrungen und des Wissens über andere werden sie gewöhnlich sehr rasch kategorisiert, d. h. die Gesprächspartner werden bestimmten Typen zugeordnet. Das ist bei der Arbeit mit Kunden besonders ausgeprägt (Nerdinger, 2001b). Zum einen wächst mit der Erfahrung die Möglichkeit, bestimmte, regelmäßig wiederkehrende Verhaltensweisen zu erkennen und mit bestimmten Menschen zu verbinden. Zum anderen ist es besonders wichtig, sich schnell einen möglichst zutreffenden Eindruck über den Kunden zu verschaffen, um mit ihm effektiv kommunizieren zu können. Begegnet z. B. der Kundenberater einer Bank einem neuen Kunden, so wird er diesen nach wenigen Augenblicken einer für den Kontakt wichtigen Kategorie zuordnen. Das können zunächst sehr einfache und grobe Kategorien sein, z. B. „sicherheitsorientierter Sparer" versus „risikobereiter Renditesucher".

Am Beginn einer Begegnung wird der Gesprächspartner kategorisiert

Der erste Eindruck führt zu Vermutungen darüber, welche Wünsche, Motive und Erwartungen der Kunde hat. Diese *Hypothesen* leiten das weitere Vorgehen des Mitarbeiters und die Art, wie er das Gespräch beginnt. Der Kundenberater, der den Kunden als sicherheitsorientierten Sparer eingestuft hat, wird zu der Hypothese kommen, dass dieser wohl sein Erspartes in Form eines Festgeldes oder eines Sparbriefes anlegen möchte. Entsprechend wird er das Beratungsgespräch führen. Möglicherweise nimmt er aber in der sogenannten Bedarfserhebungsphase des Gesprächs (Bänsch, 1996) deutliche Signale wahr, wonach der Kunde in erster Linie an hoher Rendite für seine Anlagen interessiert ist und auch die damit verbundenen Risiken durchaus realistisch einschätzt. Das führt zur erneuten *Bewertung* des ersten Eindrucks, der daraus entwickelten Hypothesen und der gewählten Kommunikationsstrategie. Die Bewertung wird in diesem Fall ergeben, dass sich der Kundenberater in der Einschätzung des Kunden gründlich getäuscht hat. In der Folge muss er nun seinen Eindruck und die daraus abgeleiteten Hypothesen korrigieren und seine Kommunikation den neu gewonnenen Erkenntnissen anpassen.

Die Hypothesen über die Wünsche und Motive des Kunden leiten das Gespräch

Den Hypothesen widersprechende Signale können zur Revision der Hypothesen führen

35

Dieser Prozess beschreibt, wie eine Begegnung idealer Weise ablaufen sollte, bei einer länger andauernden Kundenbeziehung kann er auch mehrmals durchlaufen werden. Geht der Prozess wie beschrieben vonstatten, werden kundenorientierte Mitarbeiter sowohl die Persönlichkeit des Kunden als auch seine Erwartungen an die Produkte bzw. die Dienstleistungen zunehmend besser kennen lernen und sich in ihrem fachlichen und sozialen Verhalten an den Kunden anpassen. Das dient dem Ziel, die Wünsche und Bedürfnisse des Kunden möglichst optimal zu erfüllen und dabei auch die Interessen des Unternehmens nicht zu vergessen. Die wichtigsten Schritte des adaptiven Verhaltens sind die Entwicklung eines adäquaten Eindrucks vom Kunden und die Anpassung des Verhaltens.

Einen adäquaten Eindruck vom Kunden bilden

Bei jedem Kontakt mit einem fremden Menschen bildet man sich sofort einen Eindruck über den anderen – das gilt natürlich auch für die Begegnung mit dem Kunden. Für Mitarbeiter mit Kundenkontakt hat die Eindrucksbildung ganz besondere Bedeutung, da von einer raschen, möglichst zutreffenden Einschätzung der Persönlichkeit des Kunden der weitere Verlauf der Kommunikation entscheidend beeinflusst wird. Dabei wird aus dem Verhalten und verschiedenen wahrnehmbaren Merkmalen auf die Person des anderen zurückgeschlossen. Solche Merkmale lassen sich in oberflächliche und grundlegende Merkmale unterscheiden. *Oberflächliche Merkmale* sind z. B. Geschlecht, Alter oder auch akademische Titel. *Grundlegende Merkmale* sind dagegen Persönlichkeitseigenschaften, Verhaltensstile oder Bedürfnisse. Für den Erfolg der Kommunikation ist es besonders wichtig, dass der Eindruck vom Kunden über grundlegende Merkmale gebildet wird, da sich daraus Hinweise für das weitere Vorgehen ergeben.

Eine für die Arbeit mit Kunden hilfreiche Einordnung geht von zwei grundlegenden Merkmalen des Sozialverhaltens aus, der Ansprechbarkeit und der Bestimmtheit (Merrill & Reid, 1981). *Ansprechbarkeit* bezieht sich auf die Anstrengung, die Menschen darauf verwenden, ihre Gefühle in der Beziehung zu anderen Menschen zu kontrollieren. *Bestimmtheit* bezeichnet den Aufwand, den Menschen auf die Beeinflussung der Gedanken und Handlungen anderer verwenden. Durch Kombination dieser beiden Merkmale lassen sich folgende vier Arten des Sozialverhaltens unterscheiden:

– *Analytiker* sind Menschen, die ihre Gefühle in der Beziehung zu anderen stark kontrollieren und dabei sehr kooperativ sind.
– *Antreiber* kontrollieren ebenfalls ihre Gefühle, wollen aber andere beeinflussen und sich durchsetzen.
– *Expressive* drücken ihre Gefühle gegenüber anderen aus und nutzen das, um sie zu beeinflussen.
– *Liebenswürdige* kontrollieren ihre Gefühle genauso wenig wie Expressive, sind aber kooperativ und wollen die Beziehung nicht dominieren.

36

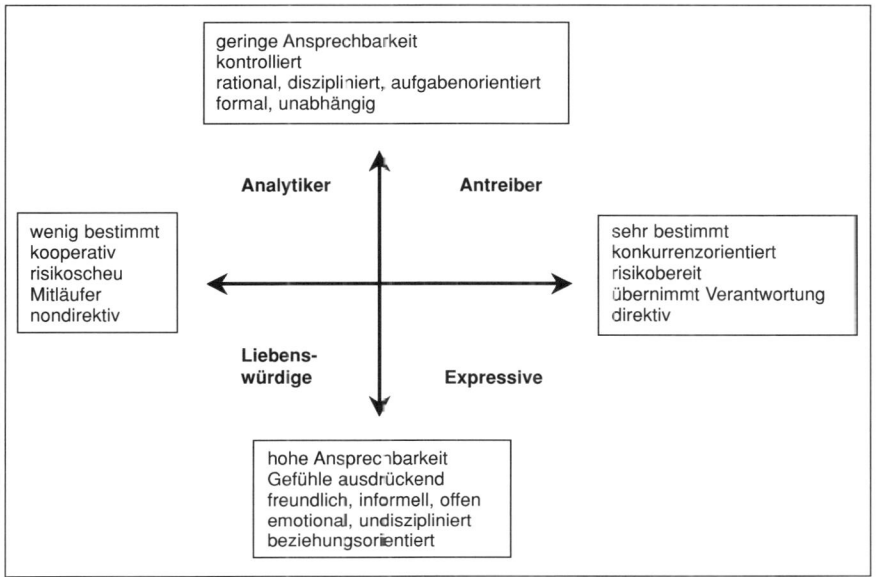

Abbildung 8:
Matrix des Sozialverhaltens (nach Merrill & Reid, 1981)

Entscheidend für eine erfolgreiche Beziehung zum Kunden ist es, wenn sich die Mitarbeiter schnell einen richtigen Eindruck vom Sozialverhalten des Kunden bilden und dann ihr eigenes Verhalten daran anpassen. Folgende Hinweise sind für die richtige Einordnung des Sozialverhaltens des Kunden hilfreich.

Hinweise auf das Sozialverhalten von Kunden

Hinweise zur Einordnung des Sozialverhaltens
Analytiker
– technische Ausbildung – arbeitsorientiertes Büro – konservative Kleidung – mag individuelle Freizeitaktivitäten
Antreiber
– technische Ausbildung – keine Poster oder Slogans an den Bürowänden – konservative Kleidung – mag Gruppenaktivitäten

Expressive
– geisteswissenschaftlicher Hintergrund – motivierende Slogans an den Bürowänden – unorganisiertes Büro – lässige oder extravagante Kleidung – mag Gruppenaktivitäten
Liebenswürdige
– geisteswissenschaftlicher Hintergrund – Büro mit freundlicher, offener Atmosphäre – lässige oder extravagante Kleidung – mag individuelle Freizeitaktivitäten

Die Einschätzung von Kunden kann durch Training verbessert werden

Das sind natürlich nur einige, eher oberflächliche und daher leicht erkennbare Hinweise auf Persönlichkeiten und deren soziales Verhalten. In Trainings können subtilere Merkmale, die sich im verbalen und nonverbalen Ausdruck äußern, an konkreten Beispielen recht gut heraus gearbeitet werden. Entscheidend ist dabei zweierlei:

> Die Diagnose muss auf die Kunden des Unternehmens abgestimmt werden und die Mitarbeiter mit Kundenkontakt sind für deren Merkmale zu sensibilisieren. Dazu muss ihr Beobachtungsvermögen geschult werden.

Das bedeutet, in solchen Trainings kann nur das Wissen über die speziellen Kunden des Unternehmens vermittelt und die Fähigkeit der Diagnose geübt werden. Mit der beruflichen Erfahrung wird sich dann die Fähigkeit zur richtigen Einschätzung der Kunden zunehmend verbessern.

Anpassung des Sozialverhaltens

Der Mitarbeiter muss sein Sozialverhalten an den Kunden anpassen

Hat der Mitarbeiter das Sozialverhalten des Kunden eingeschätzt, sollte er sein eigenes Sozialverhalten daran anpassen. Ist z. B. der Mitarbeiter selbst eher ein Antreiber, der Kunde dagegen ein Analytiker, sollte der Mitarbeiter seine Bestimmtheit zurücknehmen, um dem Kunden entgegenzukommen. Ist dagegen der Mitarbeiter ein Liebenswürdiger, der Kunde ein Expressiver, sollte der Mitarbeiter seine Bestimmtheit erhöhen. Verschiedene Möglichkeiten, um die Bestimmtheit bzw. die Ansprechbarkeit anzupassen, zeigt die folgende Tabelle auf Seite 39.

Bei der Anpassung muss auch die Situation berücksichtigt werden

Der Prozess der Anpassung ist aber noch komplizierter: Nicht nur die Persönlichkeit des Kunden ist zu berücksichtigen, auch die Situation, in der die Begegnung stattfindet, muss beachtet werden. So erwarten z. B. Kunden am Schalter einer Bank gewöhnlich ein freundliches, entgegenkommendes

Tabelle 3:
Anpassung des Sozialverhaltens (nach Sujan, Weitz & Sujan, 1988, S. 13)

	Bestimmtheit	Ansprechbarkeit
zurück-nehmen	– nach der Meinung des Kunden fragen – die Vorzüge des Kundenblick-winkels anerkennen – zuhören, ohne zu unterbrechen – wohlüberlegt handeln, nicht aufs Tempo drücken – den Kunden das Gespräch führen lassen	– sich geschäftsmäßig verhalten – weniger sprechen – nicht zu enthusiastisch sein – Entscheidungen auf der Grund-lage von Fakten fällen – anhalten und nachdenken
erhöhen	– auf den Punkt kommen – nicht vage oder ambivalent reden – Informationen geben – auch widersprechen können – einen festen Standpunkt ein-nehmen – das Gespräch initiieren	– Gefühle ausdrücken – Enthusiasmus zeigen – persönliche Komplimente machen – mehr Zeit auf die Beziehung als auf das Geschäft verwenden – im small talk engagieren – nonverbale Signale senden

Verhalten der Mitarbeiter. Hat sich aber eine Schlange gebildet, in der mehrere Kunden mehr oder weniger ungeduldig darauf warten, bedient zu werden, müssen sich die Mitarbeiter neutraler und geschäftiger verhalten (Sutton & Rafaeli, 1988). Sonst erleben die wartenden Kunden das Verhalten des Mitarbeiters als Affront gegenüber ihren Bedürfnissen! Für die Kommunikation bedeutet das:

Es gibt nicht *einen* richtigen Kommunikationsstil. Der Kunde *und* die Situation müssen richtig eingeschätzt und das eigene Sozialverhalten so angepasst werden, dass es sich mit der Persönlichkeit und den Erwartungen des Kunden ergänzt. Sind weitere Kunden anwesend, müssen deren Bedürfnisse ebenfalls berücksichtigt werden!

Das eigene Sozialverhalten ebenso richtig einzuschätzen wie das des Kunden sowie geeignete Formen der Anpassung zu entwickeln, lässt sich im Rahmen von Trainings gut lernen. Das bedeutet aber nicht, dass die Mitarbeiter nach solch einem Training immer kundenorientiertes Verhalten zeigen. Das hängt vor allem von ihrer Einstellung gegenüber der Arbeit mit Kunden ab. Während alles bislang besprochene Techniken sind, wird damit der Kern der Kundenorientierung benannt:

Adaptives Verhalten kann trainiert werden, über die kundenorientierte Ausführung entscheidet die Einstellung

Der Wunsch, anderen zu helfen – für andere „da zu sein" – bildet den Kern der Kundenorientierung. Nur wer gern mit anderen Menschen arbeitet und das Bedürfnis verspürt, ihre Probleme zu lösen, kann das entsprechende Verhalten überzeugend zeigen.

Dieser Wunsch ist Ausdruck einer kundenorientierten Einstellung.

3.2 Kundenorientierte Einstellung und die Persönlichkeit des Mitarbeiters

Die positive Einstellung zum Kunden bildet den Kern der Kundenorientierung, sie steuert den richtigen Einsatz der fachlichen Kompetenz und sorgt dafür, dass das soziale Verhalten auf den Kunden abgestimmt wird. Diese Einstellung charakterisiert die Haltung gegenüber Kunden und die Arbeit mit ihnen. Eine solche Haltung umfasst die Gefühle, die Kunden auslösen, die Meinungen über sie und die Bereitschaft, sich positiv gegenüber Kunden zu verhalten.

Bei den *Gefühlen* steht die Freude über den Kontakt mit den Kunden im Mittelpunkt: Kundenorientierte Mitarbeiter genießen den Kontakt mit Menschen, bereits die Vorstellung von der Arbeit mit Kunden löst bei ihnen Freude aus. Das Gegenteil bilden Mitarbeiter, die Kunden allein deshalb, weil sie mit Forderungen an den Mitarbeiter herantreten, als lästig oder gar als unverschämt erleben – für sie ist der Kunde vor allem eine Quelle des Ärgers.

Die *Meinungen* äußern sich in der tiefen Überzeugung, dass Kunden einen Anspruch auf guten Service haben. Das ist mehr als eine bloße Kalkulation, wie sie den Mitarbeitern häufig nahe gelegt wird: Manche Manager meinen, es genügt den Mitarbeitern klar zu machen, dass ihr Einkommen und die Sicherheit ihres Arbeitsplatzes letztlich von der Zufriedenheit der Kunden abhängt. „Wir leben von den Kunden" ist dann die entscheidende Botschaft (Homburg & Stock, 2000). Der Kunde wird damit zum Druckmittel, die Mitarbeiter sollen aus Angst um ihren Arbeitsplatz kundenorientiertes Verhalten zeigen. Angst ist aber keine geeignete Motivation, um Kunden zu begeistern.

Manager, die so argumentieren, betrachten den Kunden als Mittel zum Zweck, als Mittel, um die für das Überleben des Unternehmens notwendigen Gewinne zu erzielen. Wer diese Haltung einnimmt, orientiert sich nicht am Kunden und seinen Bedürfnissen, sondern am Gewinn, den ein Kunde verspricht. Kunden, die weniger Gewinn versprechen, werden dann gleichgültig oder gar rüde behandelt. Kunden mit großem Gewinnversprechen imponieren den Mitarbeitern dagegen als die „Mächtigen", von denen sie sich in ihrer Existenz abhängig fühlen. Die Folge solcher Botschaften ist fatal – überspitzt formuliert lösen sie eine Mentalität des „Buckeln und Tretens" aus. Nach „unten", das heißt gegenüber wenig rentablen Kunden gibt man sich arrogant. Nach „oben", gegenüber den gewinnträchtigen Kunden benimmt man sich untertänig. Beides hat nichts mit Kundenorientierung zu tun.

Diesem Versuch, Mitarbeiter zu kundenorientiertem Verhalten zu motivieren, liegt ein grober Denkfehler zugrunde: Das Mittel – der Unternehmensgewinn – wird zum Zweck gemacht. Vielmehr muss man sich fragen, zu

40

welchem Zweck denn ein Unternehmen Gewinn machen muss. Bei einer kundenorientierten Einstellung wird das zu folgender Überlegung führen:

> Das Unternehmen muss Gewinn machen, um zu überleben. Es muss überleben, um seine Mission zu erfüllen. Die Mission eines kundenorientierten Unternehmens ist es, die Bedürfnisse der Kunden zu befriedigen!

Natürlich muss ein Unternehmen Gewinn machen, aber Gewinn ist kein Selbstzweck. Der Zweck ist vielmehr, gute Produkte und Dienstleistungen bereitzustellen, die von den Kunden benötigt werden. Indem es die Bedürfnisse der Kunden befriedigt, kann das Unternehmen Gewinn machen. Diesen braucht es, um in der Folge weiter die notwendigen Produkte und Dienstleistungen bereitzustellen bzw. dies immer besser zu machen. Wenn ihm das gelingt, wird es auch in Zukunft Gewinn machen, der wiederum der Mission des Unternehmens dient und so fort. Folgt das Management diesem Gedankengang, lebt es ihn im eigenen Verhalten und kommuniziert ihn gegenüber den Mitarbeitern, so werden die Mitarbeiter auch eher eine kundenorientierte Einstellung entwickeln.

Bleibt noch die dritte Komponente einer kundenorientierten Einstellung. Löst die Vorstellung der Arbeit mit Kunden positive Gefühle aus und besteht die felsenfeste Überzeugung, dass die Kunden einen Anspruch auf guten Service haben, entsteht eine *Bereitschaft*, kundenorientiertes Verhalten zu zeigen. Das hängt eng mit der Persönlichkeit des Mitarbeiters zusammen.

Die Persönlichkeit kundenorientierter Mitarbeiter

Intuitiv ist es unmittelbar überzeugend, dass nicht jeder Mensch für die Arbeit mit anderen Menschen in gleicher Weise geeignet ist: Manche haben daran Freude, andere belastet der ständige zwischenmenschliche Kontakt. Wie sind Menschen gekennzeichnet, die erfolgreich mit Kunden arbeiten? Folgende drei Persönlichkeitsmerkmale bilden eine wesentliche Voraussetzung kundenorientierten Verhaltens (Mount, Barrick & Stewart, 1998; Frei & McDaniel, 1998):

- *Gewissenhaftigkeit:* Gewissenhafte Menschen sind ordentlich, zuverlässig, hart arbeitend, diszipliniert, pünktlich, penibel und ehrgeizig.
- *Verträglichkeit:* Verträgliche Menschen sind freundlich, mitfühlend, verständnisvoll und wohlwollend.
- *Emotionale Stabilität:* Emotional stabile Menschen sind selbstsicher, ausgeglichen, entspannt, selbstgenügsam, nicht ängstlich und können Stress gut ertragen.

Diese Merkmale lassen sich durch psychologische Tests recht gut erfassen. Im Folgenden sind einige exemplarische Fragen zur Erfassung der drei Persönlichkeitsmerkmale aufgeführt.

Persönlichkeitsmerkmale kundenorientierter Mitarbeiter

Bitte geben Sie auf einer Skala von „1 = stimme völlig zu" bis „5 = lehne völlig ab" an, ob die folgenden Aussagen auf Sie persönlich zutreffen oder nicht.

	1	2	3	4	5
1. Ich bin nicht leicht beunruhigt	☐	☐	☐	☐	☐
2. Ich versuche zu jedem, dem ich begegne, freundlich zu sein	☐	☐	☐	☐	☐
3. Ich halte meine Sachen ordentlich und sauber	☐	☐	☐	☐	☐
4. Ich fühle mich anderen oft unterlegen	☐	☐	☐	☐	☐
5. Manche Leute halten mich für selbstsüchtig und selbstgefällig	☐	☐	☐	☐	☐
6. Ich bin kein sehr systematisch vorgehender Mensch	☐	☐	☐	☐	☐
7. Ich fühle mich selten einsam oder traurig	☐	☐	☐	☐	☐
8. Ich glaube, dass man von den meisten Leuten ausgenutzt wird, wenn man es zulässt	☐	☐	☐	☐	☐
9. Ich habe eine Reihe von klaren Zielen und arbeite systematisch auf sie zu	☐	☐	☐	☐	☐
10. Ich fühle mich oft angespannt und nervös	☐	☐	☐	☐	☐
11. Die meisten Menschen, die mich kennen, mögen mich	☐	☐	☐	☐	☐
12. Wenn ich eine Verpflichtung eingehe, kann man sich darauf verlassen	☐	☐	☐	☐	☐
13. Manchmal fühle ich mich völlig wertlos	☐	☐	☐	☐	☐
14. Manche Leute halten mich für kalt und berechnend	☐	☐	☐	☐	☐
15. Ich bin eine tüchtige Person, die ihre Arbeit immer erledigt	☐	☐	☐	☐	☐
16. Ich empfinde selten Furcht oder Angst	☐	☐	☐	☐	☐
17. In Bezug auf meine Einstellungen bin ich nüchtern und unnachgiebig	☐	☐	☐	☐	☐
18. Bei allem, was ich tue, strebe ich nach Perfektion	☐	☐	☐	☐	☐

Die Aussagen 1, 4, 7, 10, 13 und 16 erfassen *emotionale Stabilität*. Wer den Aussagen 1, 7 und 16 zustimmt und die Aussagen 4, 10 und 13 ablehnt, ist eine emotional stabile Persönlichkeit.

Die Aussagen 2, 5, 8, 11, 14 und 17 erfassen *Verträglichkeit*. Wer den Aussagen 2 und 11 zustimmt und die Aussagen 5, 8, 14 und 17 ablehnt, ist eine verträgliche Persönlichkeit.

Die Aussagen 3, 6, 9, 12, 15 und 18 erfassen Gewissenhaftigkeit. Wer diesen Aussagen zustimmt, ist eine gewissenhafte Persönlichkeit (nach Borkenau & Ostendorf, 1993).

Diese Persönlichkeitsmerkmale bilden die geeignete Grundlage für kundenorientiertes Verhalten: So gekennzeichnete Menschen sind zuverlässig und für die Arbeit motiviert; der häufig in der Arbeit mit anderen Menschen auftretende Stress kann sie nicht so leicht beeinträchtigen und sie sind aufgrund ihrer Verträglichkeit angenehme Gesprächspartner. Gewissenhaftigkeit, emotionale Stabilität und Verträglichkeit sind grundlegende Merkmale, in denen sich Menschen unterscheiden und die im Laufe des Lebens recht stabil bleiben. Allerdings muss einschränkend gesagt werden, dass diese Merkmale nicht für alle Tätigkeiten mit Kundenkontakt die gleiche Bedeutung haben. Während sie z. B. für Kundenberater einer Bank sehr wichtig sind, spielen sie – extrem betrachtet – für Mitarbeiter am Counter eines Fast-Food-Restaurants keine Rolle. Allgemein gesagt (Hurley, 1998):

Persönlichkeitsmerkmale sind nicht für alle Tätigkeiten mit Kundenkontakt gleich wichtig

> Die Persönlichkeit des Mitarbeiters ist von großer Bedeutung, wenn für den Erfolg der Tätigkeiten eine positive Beziehung zum Kunden entscheidend ist und die Kosten für einen Wechsel des Unternehmens für den Kunden gering sind.

Zur Entwicklung einer positiven Beziehung ist es enorm wichtig, dass man sich auf den anderen verlassen kann, dass er auch in schwierigen Situationen die Ruhe behält und ein verträglicher Mensch ist. Diese Wirkung wird besonders deutlich, wenn die Wechselkosten für den Kunden gering sind. In diesem Fall kann der Kunde jederzeit, ohne dass es für ihn ein sonderlicher Aufwand wäre, zu einem anderen Unternehmen wechseln. Ist es dem Mitarbeiter aber gelungen, eine gute Beziehung aufzubauen, wird ein solcher Wechsel weniger wahrscheinlich. Das hängt stark von der Motivation der Mitarbeiter ab.

3.3   Motivation zu kundenorientiertem Verhalten

Motivation ist der Antrieb zu einem Verhalten, der Wunsch, ein Ziel zu erreichen (vgl. Nerdinger, 1995) Motivation entsteht, wenn eine Situation die Möglichkeit bietet, Wünsche und Ziele zu verwirklichen, die für den einzelnen wichtig sind. Im Unternehmen lassen sich grob zwei Arten von Motivation unterscheiden, die als intrinsische und extrinsische Motivation bezeichnet werden.

Motivation kann intrinsisch und extrinsisch sein

3.3.1 *Intrinsische und extrinsische Motivation*

Die motivierende Wirkung, die von der Arbeit selbst ausgeht, wird als die *intrinsische*, der Arbeit innewohnende Motivation bezeichnet. Wer arbeitet, weil ihn die Aufgabe interessiert, weil sie ihm Spaß macht und ihn befriedigt, den bezeichnet man als intrinsisch motiviert. Arbeitet dagegen ein Mensch in erster Linie aus Gründen, die nicht in der Arbeit als solcher liegen, wird er als *extrinsisch* motiviert bezeichnet: Wer also z. B. arbeitet, um möglichst viel Geld zu verdienen, um beruflich aufzusteigen oder um der Sicherheit willen, der ist extrinsisch motiviert.

Kundenorientierte Mitarbeiter sind in erster Linie intrinsisch motiviert (Schneider & Bowen, 1995). Das bedeutet nicht, dass ihnen Geld, beruflicher Aufstieg oder andere extrinsische Anreize unwichtig wären. Aber es ist die Freude an der Arbeit mit Menschen, die kundenorientierte Mitarbeiter zu hoher Leistung motiviert. Diese Freude können sie aber nur entwickeln, wenn die Tätigkeit ganz bestimmte Merkmale aufweist. Welche Merkmale der Tätigkeit intrinsische Motivation auslösen, zeigt die folgende Darstellung (Hackman & Oldham, 1980; Nerdinger, 1995).

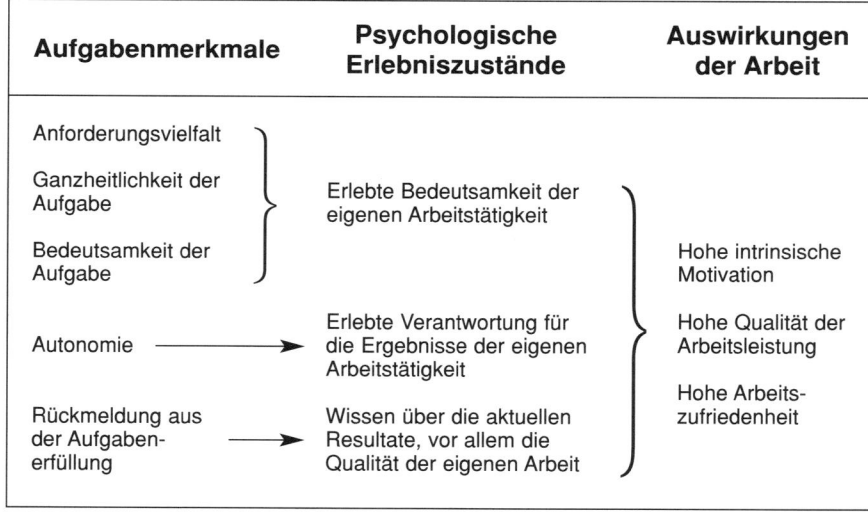

Abbildung 9:
Auslöser der intrinsischen Motivation (nach Hackman und Oldham, 1980)

Damit Arbeit intrinsisch motiviert, muss sie drei psychologische Wirkungen haben. Der Mitarbeiter muss
– die Arbeit als bedeutsam erleben;
– sich für die Ergebnisse der eigenen Arbeit verantwortlich fühlen und
– die aktuellen Resultate der eigenen Arbeit, besonders die Qualität der Ergebnisse, kennen.

44

Diese psychologischen Erlebniszustände werden durch fünf Merkmale der Tätigkeit ausgelöst:

1. *Anforderungsvielfalt* der Arbeitsaufgabe: Die Aufgabe sollte nicht nur eine einzelne bzw. wenige Fähigkeiten des Arbeitenden beanspruchen, sondern möglichst viele motorische, intellektuelle *und* soziale Fähigkeiten; in diesem Fall können Mitarbeiter und Mitarbeiterinnen unterschiedliche Fähigkeiten und Kenntnisse in der Arbeit einsetzen und sie werden nicht einseitig beansprucht.

2. *Ganzheitlichkeit* der Aufgabe: Gemeint ist damit der Grad, in dem ein zusammenhängendes Produkt oder eine vollständige Dienstleistung fertiggestellt wird. Ganzheitliche Aufgaben vermitteln den Mitarbeitern den Sinn und den Stellenwert der Arbeit. Ein Mitarbeiter mit Kundenkontakt, der Bestellungen oder Beschwerden nur aufnehmen, nicht aber selber regeln darf, hat keine ganzheitliche Aufgabe.

3. *Bedeutsamkeit* der Aufgabe für das Leben und die Arbeit anderer: Wer die Zusammenhänge seiner eigenen Arbeit mit der seiner Kollegen, aber auch mit den Aufgaben anderer Abteilungen erkennt, der wird den Sinn und die Bedeutung seines Beitrages zum Ziel des Unternehmen und damit die Bedeutung seiner Arbeit verstehen. Für Mitarbeiter mit Kundenkontakt ist besonders wichtig zu erkennen, dass das, was sie dem Kunden anzubieten haben, von diesem auch wirklich gebraucht und geschätzt wird.

4. *Autonomie* meint, die Arbeitenden können selbst die Mittel ihrer Arbeit wählen, Teilziele selbstständig festlegen und Entscheidungen – zumindest in einem bestimmten Rahmen – ohne Rücksprache treffen. Heute wird das auch als „Empowerment" bezeichnet: Gemäß dem Grundsatz, dass Fachkompetenz und Entscheidungskompetenz in eine Hand gehören, wird durch Empowerment mehr Verantwortung auf die Mitarbeiter mit Kundenkontakt übertragen (Bowen & Lawler, 1998). Dadurch erleben sie, dass sie in der Arbeit mit Kunden nicht einfluss- und bedeutungslos sind. Das stärkt ihr Selbstwertgefühl und erhöht die Bereitschaft zur Übernahme von Verantwortung. Der Mitarbeiter gewinnt durch Empowerment die notwendige Flexibilität, um die Wünsche der Kunden schnell und unbürokratisch zu erfüllen.

5. *Rückmeldung* aus der Tätigkeit, also solche Rückmeldungen, die unmittelbar in der Aufgabe angelegt sind. Die beständige Rückmeldung ermöglicht es den Mitarbeitern, selbstständig Fehlentwicklungen zu korrigieren und sie wissen immer, wie sie auf dem Weg zum Ziel liegen. Für Mitarbeiter mit Kundenkontakt ist die wichtigste Quelle der Rückmeldung natürlich der Kunde selbst – da Kunden häufig nicht von sich aus Rückmeldung geben, müssen Mitarbeiter fähig sein, sich aktiv vom Kunden Rückmeldung zu holen.

Diese Merkmale der Arbeit lösen die drei genannten Erlebniszustände im Mitarbeiter aus. Die wichtigsten Folgen sind eine hohe intrinsische Arbeits-

Merkmale intrinsisch motivierender Tätigkeit

Anforderungsvielfalt: die Aufgabe fordert verschiedene Fähigkeiten

Ganzheitlichkeit: Verantwortung für eine vollständige Aufgabe

Bedeutsamkeit: Wichtigkeit der Aufgabe für andere

Autonomie: Fach- und Entscheidungskompetenz liegen in einer Hand

Rückmeldung: Erkennen der Fortschritte bei der Zielverfolgung

motivation, aber auch die Qualität der Arbeitsleistung ist besser, die Zufriedenheit mit der Arbeit höher, die Mitarbeiter fehlen nicht so oft wegen
Krankheit und wechseln seltener den Arbeitsplatz. Diese Wirkungen sind
aber nicht nur von der Art der Aufgabe abhängig, sondern auch davon, wie
eine Person an die Aufgabe herangeht. Sie kann sich dabei an einem Leis-
tungs- oder an einem Lernziel orientieren.

3.3.2 Orientierung an Leistungs- oder Lernzielen

Verhalten in Leistungssituationen kann sich prinzipiell an einem von zwei
verschiedenen Zielen orientieren – einem Leistungs- oder einem Lernziel
(Dweck & Leggett, 1988; Button, Mathieu & Zajac, 1996). Solche Ziel-
orientierungen schaffen einen Rahmen, innerhalb dessen Menschen Leistungssituationen interpretieren und auf Hinweisreize reagieren. Werden
Menschen mit einer herausfordernden Situation konfrontiert, so orientieren sie sich automatisch an einem der beiden Ziele.

Leistungsziele
richten das
Verhalten an der
Bewertung
wichtiger
anderer Per-
sonen aus
Wer sich an *Leistungszielen* orientiert, der richtet das Verhalten an der positiven Bewertung durch wichtige andere Personen aus. Im Unternehmen
zählen dazu der Vorgesetzte und die Kollegen. Hinter der Orientierung an
Leistungszielen steht ein extrinsisches Interesse an der Arbeit – Arbeit
dient dazu, hochbewertete Folgen – Anerkennung, Status, Prämien und anderes mehr – zu erreichen. Unter dieser Bedingung sind die Mitarbeiter
gewöhnlich nicht bereit, neue Herangehensweisen an die Arbeit auszupro-
bieren, da sie befürchten, diese könnten zu schlechten Ergebnissen führen
und damit auch zu negativen Bewertungen ihrer Leistung durch die wichtigen Ansprechpartner. Herausfordernde Situationen – z. B. im Kontakt mit
Kunden –, die natürlich die Möglichkeit des Scheiterns beinhalten, werden
daher gemieden.

Lernziele
richten das Ver-
halten an der
Verbesserung
der Fähigkeiten
und der Beherr-
schung der Auf-
gabe aus
Wer sich dagegen an *Lernzielen* orientiert, der versucht, seine Fähigkeiten
zu verbessern und die Aufgaben, die er ausführt, besser zu beherrschen.
Dahinter steht ein intrinsisches Interesse an der Arbeit – der Mitarbeiter
strebt nach herausfordernden Aufgaben, ist neugierig auf neue Situationen
und sucht nach Möglichkeiten, solche neuen Situationen zu bewältigen.
Die Orientierung an Lernzielen führt dazu, dass Mitarbeiter den Kontakt
mit Kunden genießen und versuchen herauszufinden, wie sie seine Bedürfnisse effektiv befriedigen können. Sie fühlen sich von herausfordernden
Situationen angezogen und sorgen sich weniger um mögliche Fehler. Lern-
zielorientierte Mitarbeiter schätzen das Gefühl, sich in der Arbeit zu entwickeln und soziale Situationen zu beherrschen.

Die Orientierung an Lern- bzw. Leistungszielen lässt sich durch einige
Fragen, die im Folgenden dargestellt sind, recht gut messen.

Orientierung an Leistungs- oder Lernzielen

Im Folgenden finden Sie eine Reihe von Aussagen. Bitte geben Sie auf einer Skala von „1 = stimme völlig zu" bis „5 = lehne völlig ab" an, ob die Aussagen Ihre Meinung wiedergeben.

	1	2	3	4	5
1. Es lohnt sich, viel Zeit in das Studium neuer Herangehensweisen an das Gespräch mit dem Kunden zu investieren	☐	☐	☐	☐	☐
2. Ich vergleiche öfter meine Leistung mit der meiner Kollegen und Kolleginnen	☐	☐	☐	☐	☐
3. Für meine Arbeit ist es sehr wichtig, die Fähigkeiten im Umgang mit den Kunden regelmäßig weiter zu entwickeln	☐	☐	☐	☐	☐
4. Ich bewerte meine Leistung anhand der Maßstäbe, die mein Vorgesetzter vorgibt	☐	☐	☐	☐	☐
5. Ich strenge mich sehr an, um ständig Neues für meinen Beruf zu lernen	☐	☐	☐	☐	☐
6. Gewöhnlich versuche ich, meine Leistungen meinem Vorgesetzten mitzuteilen	☐	☐	☐	☐	☐
7. Für mich ist es wichtig, aus jeder Begegnung mit einem Kunden zu lernen	☐	☐	☐	☐	☐
8. Es tut mir gut, wenn ich eine bessere Leistung als meine Kollegen bringe	☐	☐	☐	☐	☐
9. Für mich ist es besonders wichtig, meinen Beruf möglichst gut auszuüben	☐	☐	☐	☐	☐
10. Es ist mir sehr wichtig, dass mein Vorgesetzter einen guten Eindruck von meiner Leistung hat	☐	☐	☐	☐	☐

Die Fragen 1, 3, 5, 7 und 9 erfassen eine Lernzielorientierung, die Fragen 2, 4, 6, 8 und 10 eine Leistungszielorientierung (nach Sujan, Weitz & Kumar, 1994).

Die Orientierung an Leistungszielen führt häufig zu kurzfristigen Erfolgen, wogegen die Orientierung an Lernzielen die Fähigkeiten im Umgang mit den Kunden systematisch erhöht und damit längerfristigen Erfolg hat. Der Grund für diesen langfristigen Erfolg liegt darin, dass die Orientierung an Lernzielen die Basis adaptiven Verhaltens bildet: Wer in jeder Begegnung mit dem Kunden bemüht ist, zu lernen und sich zu verbessern, der achtet auch stärker auf die Signale, die der Kunde aussendet. Das ermöglicht eine bessere Anpassung an sein Verhalten.

Lernziel-
orientierung ist
Basis adaptiven
Verhaltens

Vorgesetzte
können beein-
flussen, an
welchen Zielen
sich Mitarbeiter
orientieren

Vorgesetzte haben einigen Einfluss darauf, an welchen Zielen sich ihre Mitarbeiter orientieren (Kohli, Shervani & Challagalla, 1998). Wer regelmäßig
positive und negative Rückmeldungen über das *Arbeitsverhalten* des Mitarbeiters gibt, verstärkt eine Lernzielorientierung. Erfolgen dagegen nur
Rückmeldungen darüber, wie der Mitarbeiter auf dem Weg zur Erfüllung
seiner *geschäftlichen Ziele* liegt und konzentriert sich der Vorgesetzte dabei
auch noch auf negative Rückmeldungen, dann fördert er eine Leistungszielorientierung.

Vor allem in der Führung von Verkäufern wird eine Orientierung an Leistungszielen durch viele Methoden der Verkäufermotivation verstärkt (Nerdinger, 2001a). Besonders folgende Führungsmethoden wirken in dieser
Richtung:
- Anstacheln des Konkurrenzdrucks unter den Kollegen, z. B. durch die
  Verwendung von „Rennlisten", in denen jeweils die aktuellen Umsätze
  der Verkäufer aufgelistet sind;
- Bestrafung von Fehlern, z. B. durch Kürzung von Provisionen;
- öffentliche Auszeichnung erfolgreicher bzw. Bestrafung wenig erfolgreicher Verkäufer.

Langfristig unterminieren diese Methoden der Führung das intrinsische Interesse der Mitarbeiter an der Arbeit und richten es auf die Ergebnisse und
die damit verbundenen Belohnungen. Statt dessen sollten die Führungskräfte von Organisationen, die Kundenbindung durch kundenorientiertes
Verhalten der Mitarbeiter anstreben, die Orientierung an Lernzielen anre-
gen. Das erfordert:
- Förderung der Kooperation zwischen den Kollegen,
- Ermutigung, neue Verhaltensweisen im Umgang mit Kunden zu erpro-
  ben,
- Einsatz von Beurteilungssystemen, die auf die individuelle Entwicklung
  des Mitarbeiters zielen, z. B. in Form von Mitarbeitergesprächen.

Fazit

Ständiger Leistungsdruck, Kritik von Fehlern und Rückmeldungen, die
sich nur auf den Grad der Zielerreichung richten, fördern eine Leistungszielorientierung und verhindern adaptives Verhalten.
Die Möglichkeit, aus Fehlern zu lernen und positive, auf das Verhalten
bezogene Rückmeldungen des Vorgesetzten fördern das Interesse der
Mitarbeiter an ihrer Tätigkeit. Dadurch wird der Wunsch geweckt, in der
Arbeit zu lernen und die Fähigkeiten im Umgang mit den Kunden zu
verbessern.

Wenn Vorgesetzte so die Lernzielorientierung der Mitarbeiter unterstützen,
werden diese mehr Eigeninitiative entwickeln und versuchen, Probleme

der Kunden möglichst so zu lösen, dass diese begeistert sind. Hier ist allerdings das *Paradox der Initiative* (Campbell, 2000) zu beachten: Mitarbeiter sollen Situationen selbstständig beurteilen und im Sinne optimaler Kundenzufriedenheit handeln, aber gleichzeitig genau so denken wie ihre Vorgesetzten, zum gleichen Urteil kommen wie sie und auch genauso handeln, wie ihre Vorgesetzten das machen würden. Zum Beispiel hat ein Mitarbeiter einer Fluglinie erlebt, dass ein Fluggast seinen Anschlussflug nicht erreichte, wodurch ein wichtiger Termin des Kunden in Gefahr war. Ganz im Sinne der Devise des Unternehmens „Kundenzufriedenheit geht vor" hat er den Fluggast auf eine Alternativroute umgebucht, was allerdings der Fluglinie hohe Kosten verursachte. Der Vorgesetzte war deshalb verärgert und bestrafte den Mitarbeiter u. a. damit, dass er seinen Handlungs- und Entscheidungsspielraum begrenzte (Campbell, 2000).

In diesem Fall zeigen sich Diskrepanzen zwischen den Erwartungen des Vorgesetzten und dem selbstständigen Handeln der Mitarbeiter. Bestraft der Vorgesetzte solches Handeln, unterbindet er die Orientierung an Lernzielen. Der Mitarbeiter – und auch seine Kollegen, denen diese Reaktion des Vorgesetzten nicht verborgen bleibt – wird künftig nur noch nach Anweisung und Vorschrift arbeiten. Die Folgen für den Service werden entsprechend negativ sein. Stattdessen sollte der Vorgesetzte solche Situationen als Lernchance nutzen. Er muss gemeinsam mit dem Mitarbeiter Kriterien entwickeln, die es dem Mitarbeiter ermöglichen, in kritischen Situationen eigenständig bessere Lösungen zu finden (Fay, 2003).

> Missglückte Initiativen von Mitarbeitern sollten nicht bestraft, sondern als Gelegenheit zur Weiterentwicklung genutzt werden.

3.4 Rollenklarheit

3.4.1 Die Rolle des Mitarbeiters

An jeden Menschen richten sich Erwartungen, wie er sich verhalten soll: Kinder sollen sich ordentlich benehmen und die Eltern respektieren, Ehemänner für die Familie sorgen und der Gattin ein liebevoller Partner sein, Mitarbeiter sollen sich für Unternehmensziele einsetzen und ihr Bestes geben – das sind nur einige der unzähligen Erwartungen, die an einen Menschen gerichtet werden (vgl. Fischer & Wiswede, 2002). Die Summe dieser Erwartungen bezeichnet man als eine *Rolle*. In sozialen Situationen wird das Verhalten sehr stark durch die jeweils eingenommene Rolle bestimmt. Das setzt voraus, dass man fähig ist, die Erwartungen anderer Menschen zu erkennen. Diese Fähigkeit wird als *Perspektivenübernahme* bezeichnet (Steins & Wicklund, 1993), sie kann durch folgende Fragen gemessen werden:

> ### Die Fähigkeit zur Perspektivenübernahme
>
> Im Folgenden finden Sie eine Reihe von Aussagen. Bitte geben Sie auf einer Skala von „1 = stimme völlig zu" bis „5 = lehne völlig ab" an, ob die Aussagen Ihrer Meinung entsprechen oder nicht.
>
> | | | 1 | 2 | 3 | 4 | 5 |
> |---|---|---|---|---|---|---|
> | 1. | Ich finde es manchmal schwierig, die Dinge vom Standpunkt anderer zu sehen | □ | □ | □ | □ | □ |
> | 2. | Wenn ich mich über jemand ärgere, versuche ich normalerweise, mich für eine Weile in seine Situation zu versetzen | □ | □ | □ | □ | □ |
> | 3. | Ich glaube, dass es bei jeder Sache zwei Seiten gibt, und versuche, beide zu betrachten | □ | □ | □ | □ | □ |
> | 4. | Wenn mehrere Leute nicht übereinstimmen, betrachte ich die Argumente von jeder Seite, bevor ich entscheide | □ | □ | □ | □ | □ |
> | 5. | Ich verstehe meine Freunde besser, wenn ich mir vorstelle, wie sie die Dinge sehen | □ | □ | □ | □ | □ |
>
> Wer in der ersten Frage einen hohen Wert und in den übrigen Fragen einen niedrigen Wert angekreuzt hat, verfügt über die Fähigkeit zur Perspektivenübernahme (nach Holz-Ebeling & Steinmetz, 1995).

Perspektivenübernahme bedeutet, die Erwartungen anderer Menschen zu verstehen

Die Fähigkeit zur Perspektivenübernahme ist eine wichtige Voraussetzung kundenorientierten Verhaltens: Wer die Situation aus der Perspektive seiner Kunden sehen kann, der entwickelt größeres Verständnis dafür, was der Kunde von ihm erwartet. Für Mitarbeiter mit Kundenkontakt stellt sich die Situation allerdings schwieriger dar. Ein wesentliches Merkmal ihrer Tätigkeit ist es, dass sie an der Grenze des Unternehmens arbeiten. Zum einen gehören sie zum Unternehmen, dessen Interessen sie vertreten müssen. Ihre Vorgesetzten erwarten daher von ihnen, dass sie ihre Aufgabe gemäß den betrieblichen Vorschriften verrichten und dabei vor allem die ökonomischen Ziele des Unternehmens verfolgen. Außerdem sollen sie das Unternehmen nach außen angemessen repräsentieren. So wird z. B. von Kundenberatern einer Bank erwartet, dass sie ihre Umsatzziele erfüllen, indem sie möglichst viele Bankprodukte verkaufen (Nerdinger, 1997). Dabei müssen sie aber die strengen Vorschriften der Bank – v. a. bei der Vergabe von Krediten – penibel einhalten. Gleichzeitig sollen sie die Kunden durch optimale Beratung an die Bank binden und das positive Image des Unternehmens stärken.

Mitarbeiter mit Kundenkontakt arbeiten an der Grenze des Unternehmens

Diese verschiedenen Erwartungen sollen sie im direkten Kontakt mit den Kunden erfüllen. Die Kunden sind aber keine Mitglieder des Unternehmens und verfolgen daher ihre eigenen Ziele. Kunden erwarten natürlich auch eine optimale Beratung – insofern besteht eine Identität der Interessen. Den Sinn

50

der bankinternen Regelungen bei der Vergabe von Krediten sehen Kunden aber nicht immer ein: Jeder Kundenberater kennt die Situation, in der ein Kunde von ihm erwartet, dass er mal „Fünfe gerade sein lässt" und bei ihm eine Ausnahme von den strengen Vorschriften macht. Schließlich sind die Kunden nicht am ökonomischen Erfolg der Bank, sondern am eigenen Nutzen interessiert und erwarten, dass ihnen die bestmöglichen Angebote gemacht werden.

Kunden erwarten vom Mitarbeiter ein anderes Verhalten als seine Vorgesetzten

Die Situation wird noch schwieriger, weil solche Erwartungen nicht immer eindeutig sind. So erwarten wohl die meisten Kunden einer Bank, dass sich die Mitarbeiter ihnen gegenüber freundlich, höflich und entgegenkommend zeigen. Was allerdings Freundlichkeit, Höflichkeit und Entgegenkommen auszeichnet, da sind die Menschen unterschiedlicher Auffassung. Während dem einen bereits eine lächelnde Begrüßung ausreicht, erwartet der andere, dass er mit Namen angesprochen und nach seinem Befinden gefragt wird (Nerdinger, 1998). Um das herauszufinden, müssen die Mitarbeiter jeweils genau die Reaktionen der Kunden auf ihr Verhalten beobachten: Werden die Erwartungen verletzt, zeigt sich das gewöhnlich im nonverbalen Verhalten.

Viele Erwartungen sind nicht eindeutig zu erkennen

Aber auch die Erwartungen der Vorgesetzten sind nicht immer eindeutig (Weatherly & Tansik, 1993). Zum Beispiel können sich die Renditeziele und das Ziel, den Kunden an das Unternehmen zu binden, widersprechen: Der Kunde erwartet sich möglichst günstige Konditionen und werden seine Erwartungen erfüllt, fühlt er sich dem Unternehmen verbunden. Das Renditeziel ist aber häufig nur zu erreichen, wenn die Konditionen für die Bank günstig sind. In diesen Fällen sagen Vorgesetzte nicht immer, welches Ziel das wichtigere ist und erzeugen damit bei den Mitarbeitern manchmal eine quälende Unsicherheit.

Erwartungen können sich widersprechen

Die Rolle des Mitarbeiters steuert sein Verhalten, die Beispiele zeigen allerdings, dass dabei einige Probleme auftreten können. Diese Probleme werden als *Rollenkonflikte* bezeichnet.

3.4.2 Rollenkonflikte bei der Arbeit mit Kunden

Die wichtigsten Rollenkonflikte des Mitarbeiters lassen sich so darstellen (Nerdinger, 2001a):

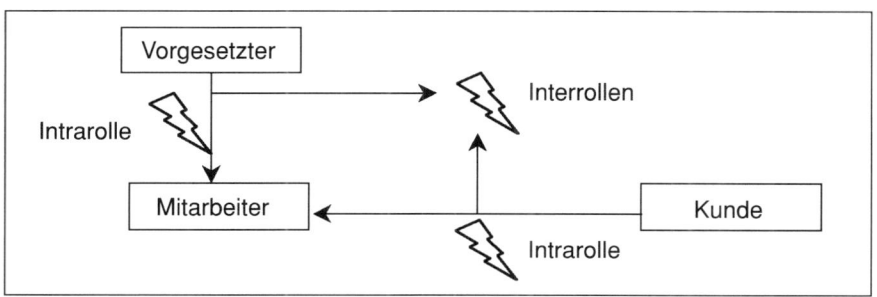

Abbildung 10:
Rollenkonflikte angestellter Mitarbeiter mit Kundenkontakt

Beim Inter-
rollenkonflikt
widersprechen
sich die Erwar-
tungen, die ver-
schiedene
Seiten an eine
Person richten

Zwei wichtige Konfliktformen sind zu erkennen: Der Interrollen- und der Intrarollenkonflikt. Beim *Interrollenkonflikt* widersprechen sich die Erwartungen, die verschiedene Menschen an eine Person richten. Bei Mitarbeitern mit Kundenkontakt sind das vor allem die Erwartungen der Vorgesetzten und der Kunden. Je nach Aufgabe lassen sich verschiedene Formen unterscheiden, Beispiele für die Situation von Kundenberatern einer Bank sind im Folgenden zusammengestellt (Damiani, 1991; Nerdinger, 1997).

Interrollenkonflikte von Kundenberatern in Banken

Zeitmanagement und Wunsch nach Beratung

Beratung von anspruchsvollen Privatkunden ist gewöhnlich eine sehr zeitaufwändige Arbeit: Die Probleme sind nicht selten kniffig und die Erwartungen der Kunden an die Lösung ihrer Probleme hoch. Der dafür notwendige Zeitbedarf steht aber in krassem Widerspruch zur Arbeitssituation der Kundenberater: Sie werden an kurzfristigen Erfolgen gemessen und müssen für die Realisierung ihrer Ziele gewöhnlich ein straffes Zeitmanagement betreiben.

Nutzenmaximierung des Kunden oder der Bank

Heute sehen sich Kundenberater immer häufiger verhandlungssicheren Kunden gegenüber, die nach den ökonomisch günstigsten Lösungen für ihre Probleme suchen und auch mit weiteren Banken in Kontakt stehen. Weist das Geschäft keine gravierenden Risiken auf oder verspricht es hohe Erträge, ist der Kunde in einer günstigen Verhandlungsposition. Die Berater versuchen natürlich in diesem Fall, den Kunden möglichst weit entgegenzukommen. Das können sie aber nur bis zu dem Punkt, an dem sie mit den Erwartungen ihrer Vorgesetzten und das heißt letztlich ihren Renditezielen in Konflikt geraten.

Finanzierungswunsch und Risikominimierung

Kundenberater versuchen, möglichst alle Finanzierungen eines Kunden zu übernehmen. Dabei müssen sie aber gleichzeitig immer die Risiken genau kalkulieren und notwendige Absicherungen verlangen. Wenn ein Kunde finanzielle Probleme hat, muss der Berater verstärkt Sicherheiten fordern, um Ausfallrisiken möglichst gering zu halten. Das erleben aber die meisten Kunden als Ausdruck des Misstrauens. Hat der Kunde seine finanziellen Engpässe und Probleme überwunden, wird sich das erlebte Misstrauen gegen den Berater richten: Die Kunden werden sich daran erinnern, wie sie behandelt wurden, als sie Probleme hatten und ihre (wieder-)gewonnene Macht dazu nutzen, für sich die besten Bedingungen zu erzielen.

Intrarollenkonflikte entstehen durch widersprüchliche Erwartungen, die *eine* Person an eine andere richtet. Auch solche Konflikte können in Abhängigkeit von der Tätigkeit die verschiedensten Formen annehmen. Das sei wieder am Beispiel der Situation von Kundenberatern veranschaulicht (Damiani, 1991; Nerdinger, 1997).

Intrarollen-konflikte entstehen durch widersprüchliche oder unklare Erwartungen

---

Intrarollenkonflikte von Kundenberatern in Banken

Kundenbindung oder Vertriebsorientierung

Der Druck auf den Ertrag nimmt auch im Bankbereich zu, daher werden die Mitarbeiter immer häufiger und immer konsequenter an den Ergebnissen ihrer Arbeit gemessen. Gleichzeitig sollen sie aber auch die Kunden an das Unternehmen binden. Daraus kann ein Konflikt entstehen, wenn die Mitarbeiter nur an den kurzfristigen Ergebnissen gemessen werden oder der Vorgesetzte nicht eindeutig sagt, welches der beiden Ziele das wichtigere ist.

Kompetenzgrenzen

Hier geht es um das Problem, wie viel der Kundenberater selbst entscheiden kann. Gewöhnlich legt der Vorgesetzte Grenzen fest, innerhalb derer die Wünsche der Kunden schnell und unbürokratisch zu erfüllen sind. Die Bedeutung dieser Grenzen ist den Mitarbeitern aber nicht immer völlig klar: Zum einen sollen sie die Vorschriften strikt einhalten. Bei „guten" – d. h. gewöhnlich ertragreichen – Kunden wird aber häufig stillschweigend erwartet, dass die Mitarbeiter Ausnahmen machen. Sind diese Ausnahmen nicht klar gekennzeichnet, geraten Mitarbeiter in Konflikt.

Alle diese Konflikte wirken sich sehr negativ auf die Zufriedenheit und das Wohlbefinden der Mitarbeiter aus. Sie werden unsicher, wissen nicht mehr, wie sie sich gegenüber den Kunden verhalten sollen und leiden an der Arbeit. Das spüren die Kunden, und in der Folge werden auch sie immer unzufriedener. Daher müssen Rollenkonflikte – wo immer möglich – vermieden werden. Für die Führungskräfte bedeutet das:

Rollenkonflikte wirken negativ auf die Mitarbeiter, daher müssen Vorgesetzte für Rollenklarheit sorgen

Für Rollenklarheit sorgen! Vorgesetzte und Mitarbeiter müssen das gleiche Verständnis von Kundenorientierung haben; Vorgesetzte müssen sicher stellen, dass die Mitarbeiter die Erwartungen des Unternehmens genau kennen und sich daran gebunden fühlen.

Allerdings lassen sich nicht alle Konflikte auf diesem Wege vermeiden. Mitarbeiter müssen daher auch auf die Bewältigung von Rollenkonflikten systematisch vorbereitet werden.

3.4.3 Die Bewältigung von Rollenkonflikten

Am besten ist es natürlich dafür zu sorgen, dass erst gar keine Konflikte auftreten. Dazu können Mitarbeiter beitragen, indem sie vorausschauendes *Beziehungsmanagement* betreiben. Das umfasst folgende Punkte (Neuberger, 1995):

Beziehungs-
management
umfasst
Informations-
sammlung

– *Informationssammlung:* Grundlage jedes Beziehungsmanagements ist die Kenntnis der Ziele und Pläne, der Vorlieben und persönlichen Eigenarten aller wichtigen Bezugspersonen. Die wichtigsten Bezugspersonen sind die Kunden und die Vorgesetzten, aber auch Kolleginnen und Kollegen in den sogenannten „Backoffice" Bereichen zählen dazu. In der Anfangsphase einer Geschäftsbeziehung müssen möglichst viele Informationen über den Kunden gesammelt werden. Dazu gehören nicht nur alle relevanten geschäftlichen Daten, sondern auch Informationen über die Person, ihre Vorlieben, Wünsche und Ambitionen. Dasselbe gilt für die wichtigsten Bezugspersonen im Unternehmen, den Vorgesetzten, die Kollegen und die Ansprechpartner im Backoffice. Jeder Vorgesetzte hat seine speziellen Präferenzen, z. B. hinsichtlich des Umgangs mit Kunden, aber auch mit den anderen Abteilungen des Unternehmens. Und auch die Kollegen im Backoffice wünschen in einer bestimmten Weise behandelt zu werden. Wissen dieser Art bildet die Grundlage für die systematische Beziehungspflege.

... und Pflege
der Beziehung
zu den Kunden

– *Beziehungspflege* richtet sich besonders auf die Kunden, aber auch auf das Backoffice – den Vorgesetzten gegenüber ist sie weniger angemessen, da sie in der Beziehung zu Entscheidungsträgern leicht als „Einschmeicheln" (miss-)verstanden wird. Beziehungspflege erfordert es, die Unpersönlichkeit solcher Beziehungen zu überwinden. Das bedeutet, Anteil an den privaten Freuden und Sorgen zu nehmen und als Ansprechpartner in möglichst allen Lebenslagen zur Verfügung zu stehen. Häufig genügen auch die kleinen persönlichen Aufmerksamkeiten wie die Gratulation zu Geburts- und Festtagen oder eine Einladung zum Essen, zu gesellschaftlichen Ereignissen und ähnliches.

... sowie den
Kollegen

Auch gegenüber den Kolleginnen und Kollegen aus dem Backoffice ist Beziehungspflege wichtig. Von der Firma organisierte gemeinsame Veranstaltungen wie Betriebsausflüge dienen nicht zuletzt dem Zweck, durch intensivere persönliche Kontakte die Zusammenarbeit zu verbessern. Wer sich persönlich näher gekommen ist, verschanzt sich nicht mehr so leicht hinter bürokratischen Vorschriften, stattdessen wird der sachliche Gehalt von Problemen betrachtet und mögliche Lösungen werden kooperativ gesucht. Das kommt den Mitarbeitern, aber auch den Kunden zugute.

Beziehungsmanagement versucht erst gar keine Konflikte entstehen zu lassen, ein Ziel, das nicht immer zu erreichen ist. Daher müssen Mitarbeiter auch Strategien für den *Umgang mit Konflikten* kennen, die gelegentlich in konkreten Begegnungen mit Kunden und anderen Bezugspersonen auftreten (Glasl, 2002).

54

Die wichtigsten Strategien des Umgangs mit Konflikten sind:
– Vermeidung
– Befriedung
– Aufbrechen von Gesprächsblockaden
– Suche nach einem Kompromiss
– Kreative Integration

• *Vermeidung*

Konflikte lassen sich vermeiden, indem man konfliktträchtige Situationen umgeht. Weiß der Mitarbeiter um die Vorlieben und Eigenarten eines Kunden, kann er darauf achten, dass kritische Situationen im Gespräch erst gar nicht entstehen. Das ist natürlich eine auf Dauer unbefriedigende Strategie, da die Probleme nur verschoben und nicht gelöst werden. In manchen Fällen kann Vermeidung aber durchaus angemessen sein, vor allem, wenn das Problem für die Arbeit des Mitarbeiters nicht von zentraler Bedeutung ist.

Konfliktvermeidung heißt, konfliktträchtige Situationen zu umgehen

• *Befriedung*

Erkennt der Mitarbeiter, dass sich ein Konflikt im Gespräch aufzuschaukeln droht, ist häufig die Strategie der Befriedung angemessen. Mit der Strategie der Befriedung wird versucht, den Konflikt durch Unterminierung abzublocken. Dazu kann man die Bedeutung des in Frage stehenden Problems verringern, man kann darlegen, dass der Konflikt unlösbar ist oder aber die Fähigkeit der anwesenden Konfliktparteien zur Konfliktlösung in Frage stellen. Letzteres kann z. B. mit dem Hinweis auf den begrenzten eigenen Kompetenzrahmen erfolgen. Das ist allerdings nicht ungefährlich, da dadurch die eigene Position geschwächt wird.

Befriedung bedeutet, eine drohende Aufschaukelung zu unterminieren

Prinzipiell werden auch mit der Strategie der Befriedung die Probleme nicht gelöst. Erkennt aber der Mitarbeiter die grundsätzliche Natur eines Konflikts und weiß, dass er ihn in der vorliegenden Situation nicht lösen kann, ist ein solches Vorgehen durchaus angebracht. Das unterdrückte Problem sollte man aber bei einer günstigeren Gelegenheit wieder aufgreifen.

• *Aufbrechen von Gesprächsblockaden*

Vermeidung und Befriedung blocken Konflikte ab. Will der Mitarbeiter die Probleme lösen, muss er in der Lage sein, solche Blockaden aufzuheben. Dazu muss man sich zunächst über die Motive des Verhaltens eines Kontrahenten klar werden. Hinter Konfliktvermeidung steht gewöhnlich das Gefühl der Unsicherheit oder die mangelnde Fähigkeit, mit der Situation umzugehen. Daher sollten in einem ersten Schritt die Ursachen der Ur-

Zur Lösung von Konflikten müssen Gesprächsblockaden aufgebrochen werden

sicherheit ermittelt werden, bevor man die inhaltlichen Fragen diskutieren kann. Zu diesem Zweck müssen die Mitarbeiter über eine Fragetechnik verfügen, die der sensiblen Problemstellung gerecht wird. Hilfreich ist auch häufig das *Prinzip der Konkretisierung* – durch möglichst konkrete Beschreibung des Konfliktgegenstandes wird dabei versucht, den Kern des Problems herauszuarbeiten. Damit können die Aspekte des Problems verdeutlicht werden, die sich von den Gesprächspartnern bewältigen lassen. Dahinter steht letztlich die folgende Erkenntnis:

> Die Art, *wie* über den Konflikt diskutiert wird, beeinflusst das Gefühl, wie viel jeder Beteiligte zu seiner Lösung beitragen kann.

- *Kompromiss*

Die Suche nach einem Kompromiss ist die klassische Konfliktlösung

Wird der Konflikt anerkannt, ist die Suche nach einem Kompromiss der klassische Weg seiner Lösung. Durch beiderseitiges Entgegenkommen wird das Problem gelöst. Bei komplexeren Aufgaben kann in der Regel durch das Entgegenkommen in einem Teilaspekt eine entsprechende Haltung des Gesprächspartners in einem anderen Aspekt gefordert werden. Ein Entgegenkommen in einem aktuell anstehenden Problem führt dazu, dass sich der Kunde in künftigen Problemfällen kooperativer verhält.

- *Kreative Integration*

Bei grundlegenden und weitreichenden Konflikten kann die kreative Integration hilfreich sein

Gelegentlich sind die Konfliktbedingungen gar nicht so unabänderlich, wie sie auf den ersten Blick erscheinen. Auch scheinbar unvereinbare Ziele wie Kundenorientierung und Risikominimierung lassen sich vereinen. Dazu muss man aber nach neuen Alternativen suchen. Das versucht die Strategie der kreativen Integration, die aufgrund ihres Aufwands an Zeit und Energie vor allem bei grundlegenden Konflikten in langdauernden Beziehungen angezeigt ist. Im Prinzip wird dabei versucht, den Blick auf den Konflikt so zu verändern, dass neue Optionen sichtbar werden. Das erfolgt in vier Stufen:

1. Zunächst werden die Ziele aller Beteiligten identifiziert, die hinter den Konflikten stehen.
2. Die Ziele werden zusammengefasst und so behandelt, als wären sie die Ziele einer Konfliktpartei.
3. Dann werden Aktivitäten gesammelt, mit denen möglichst viele – idealer Weise alle – aufgelisteten Ziele realisierbar sind.
4. Daraus wird ein gemeinsamer Handlungsplan entwickelt. Voraussetzung für den Erfolg dieser Strategie ist natürlich, dass alle Konfliktparteien ein Interesse an neuen Lösungsmöglichkeiten haben. Daher wird dieses Vorgehen auch gewöhnlich auf Konflikte innerhalb des Unternehmens beschränkt bleiben.

Einschränkend ist zu sagen: Die Wahrscheinlichkeit, dass es zu Konflikten in der Beziehung zum Kunden kommt, hängt stark von der Art des Geschäfts ab. Je intensivere Beziehungen zwischen Mitarbeiter und Kunde ein Geschäft erfordert, desto größer ist die Gefahr von Konflikten. Dagegen ist eine weitere Bedingung kundenorientierten Verhaltens in jedem Geschäftsfeld besonders wichtig: Der Mitarbeiter muss erleben, dass das ganze Unternehmen auf den Kunden ausgerichtet ist, das heißt auch das Unternehmen muss kundenorientiert sein.

Die Wahrscheinlichkeit von Konflikten ist abhängig von der Art der Beziehung zum Kunden

3.5 Wahrgenommene Kundenorientierung des Unternehmens

3.5.1 Dimensionen

Von ganz besonderer Bedeutung für das kundenorientierte Verhalten der Mitarbeiter ist die Ausrichtung des Unternehmens: Erleben die Mitarbeiter das Unternehmen als kundenorientiert, so ist die Wahrscheinlichkeit groß, dass sie sich ebenfalls kundenorientiert verhalten (Siguaw, Brown & Widing, 1994; Schneider et al., 2000). Was bedeutet dabei „Ausrichtung des Unternehmens"? Dazu zählen alle Merkmale der Organisation, die von den Mitarbeitern als Unterstützung bei der Bewältigung ihrer Aufgabe im Dienste des Kunden erlebt werden. Diese Merkmale zeigt die folgende Darstellung (vgl. Lytle, Hom & Mokwa, 1998):

Die wahrgenommene Ausrichtung des Unternehmens beeinflusst das Verhalten der Mitarbeiter

Kundenorientierung der Organisation	
Merkmale des Systems 1. Verhinderung und Beseitigung von Fehlern 2. Technologie 3. Kommunikation von Standards	**Unterstützung der Begegnung** 1. Behandlung der Kunden 2. Empowerment der Mitarbeiter
Führungspraxis 1. Kundenorientierte Führung 2. Vision	**Personalarbeit** 1. Training 2. Belohnungen

Abbildung 11:
Dimensionen der Kundenorientierung des Unternehmens
(nach Lytle et al., 1998, S. 464)

- *Führungspraxis*

Ein besonderes Merkmal kundenorientierter Unternehmen ist die Führungspraxis. Die Einstellungen und Verhaltensweisen der Führungskräfte formen das Klima eines Unternehmens und entscheiden darüber, ob es als kundenorientiert erlebt wird. Dabei sind zwei Dimensionen wichtig:

Führungskräfte müssen Vorbilder kundenorientierten Verhaltens sein

1. *Kundenorientierte Führung:* Die Führungskräfte müssen als Vorbild der Kundenorientierung auftreten. Durch ihr eigenes Verhalten setzen sie Standards dafür, was Kundenorientierung bedeutet. Sie engagieren sich aktiv für die Bedürfnisse der Mitarbeiter, inspirieren exzellente Dienstleistungen, motivieren die Mitarbeiter zu solchen Leistungen und machen alles, damit sie möglich werden. Kundenorientierte Führung heißt vor-*machen*, nicht vor-*sagen*!

Das Top-Management muss eine Vision vom kundenorientierten Unternehmen kommunizieren

2. *Vision:* Das Top-Management entwickelt eine Vision darüber, wie die Kundenorientierung im Unternehmen aussehen soll und kommuniziert diese konsequent. Die damit verbundenen Ansprüche an die Leistungen treiben alle Ebenen des Unternehmens beständig dazu an, höchste Qualität in allen Handlungen zu erzielen. Aus dieser Vision leiten sich die konkreten Unternehmensziele ab, die in der angestrebten Qualität und Werten der Kundenzufriedenheit gipfeln.

Visionen müssen vor allem im Vergütungssystem und in der Beförderungspraxis deutlich werden

Damit aus der Vision konkrete Führungspraxis wird, muss sie auch in den Strukturen, vor allem im *Vergütungssystem* wirksam werden. Viele Unternehmen predigen Kundenorientierung, vergüten aber ausschließlich kurzfristigen wirtschaftlichen Erfolg wie Umsatz oder Gewinn (Homburg & Jensen, 2000). Das beinhaltet die Gefahr, dass die Mitarbeiter mit Kundenkontakt lediglich den schnellen Kaufabschluss im Auge haben und nicht die langfristige Zufriedenheit der Kunden. Aber auch die *Beförderungspraxis* im Unternehmen ist zu beachten: Die Verweildauer vor allem der erfolgreichen Führungskräfte auf ihren Positionen wird immer kürzer. Kundenorientierung umzusetzen ist aber ein langwieriger und mühsamer Prozess, der sich entsprechend erst langfristig im Ergebnis niederschlägt. Wenn über den Aufstieg von Führungskräften nur auf der Basis schnell messbarer Erfolge entschieden wird, haben diese kein Interesse, sich für Kundenorientierung zu engagieren (Jensen, 2001). Ein Unternehmen mit der entsprechenden Vision muss daher konsequent diejenigen belohnen und befördern, die in ihrem Bereich kundenorientiert führen!

- *Unterstützung der Begegnung mit dem Kunden*

Die Augenblicke der Wahrheit, die Begegnung des Kunden mit dem Unternehmen und seinen Vertretern entscheiden über die erlebte Kundenorientierung. Auf der Basis solcher Begegnungen entwickeln die Kunden ihre Meinungen und Einstellungen über das Unternehmen. Aus Sicht der Mitarbeiter muss das Unternehmen diese Begegnung nach Kräften unterstützen. Dabei richten sich die Aktivitäten des Unternehmens auf den Kunden und den Mitarbeiter:

1. *Behandlung der Kunden:* Die Prozesse im Unternehmen müssen darauf ausgerichtet sein, den Kunden zufrieden zu stellen und an das Unternehmen zu binden. In der Wahrnehmung der Mitarbeiter äußert sich das darin, dass die Kolleginnen und Kollegen aus den „Backoffice-Abteilungen" alles unternehmen, um den Kunden höchste Qualität zu liefern.

Die Prozesse im Unternehmen müssen auf die Begegnung mit dem Kunden ausgerichtet sein

2. *Empowerment der Mitarbeiter:* „Empowerment" bedeutet, die Mitarbeiter in die Lage zu versetzen, dass sie in der Begegnung mit dem Kunden die notwendigen Entscheidungen treffen können und sich nicht ständig die Genehmigung der Vorgesetzen oder aus Backoffice-Abteilungen einholen müssen (Bowen & Lawler, 1998). Die Mitarbeiter haben also die Macht und die Verantwortung für die schnelle und effektive Befriedigung der Kundenbedürfnisse. Empowerment ermöglicht die flexible Erfüllung der Kundenwünsche und ist damit eine grundlegende Voraussetzung der Kundenzufriedenheit. Wird den Mitarbeitern die notwendige Autorität und Verantwortung übertragen, dann gehen sie stärker auf den Kunden ein, sind höher motiviert und produktiver, sie reagieren schneller auf Beschwerden und ihre Arbeit hat eine bessere Qualität.

Durch Empowerment können die Mitarbeiter Kundenbedürfnisse eigenverantwortlich befriedigen

• *Merkmale des Systems:*

Die Leistungen eines Unternehmens müssen ein zuverlässig hohes Niveau haben. Dafür muss das System, das die Leistungen unterstützt, gut gestaltet sein und hervorragend funktionieren. Ein schlechter Service ist häufig auf Mängel im System und nicht auf die Mitarbeiter im Kundenkontakt zurückzuführen. Die Mitarbeiter können vereinzelt auftretende Fehler im System durch ihr Verhalten beheben, wenn aber ein Unternehmen immer wieder dieselben Fehler begeht und seine Versprechungen nicht einhält, verlieren die Kunden das Vertrauen. Folgende Merkmale des Systems sind besonders wichtig:

Das System, das die Leistungserstelung unterstützt, muss hervorragend funktionieren

1. *Verhinderung und Beseitigung von Fehlern:* Im Unternehmen müssen fest verankerte Regeln bestehen, die Fehler verhindern bzw. die Wahrscheinlichkeit ihres Auftretens verringern und solche, die dafür sorgen, dass auf Beschwerden der Kunden effektiv reagiert wird. Versagen diese Regeln, enttäuscht das Unternehmen den Kunden doppelt – zuerst durch den Fehler und dann durch die Unfähigkeit, den Fehler zu beseitigen.

Regeln zur Vermeidung von Fehlern müssen fest verankert sein

2. *Technologie:* Viele Kundenwünsche können heute nur noch durch den unterstützenden Einsatz von Technologie erfüllt werden. Zum Beispiel kann der Wunsch nach niedrigen Verwaltungsgebühren in Banken nur durch den Einsatz von Automaten erfüllt werden; der Wunsch nach individueller Betreuung erfordert ein ausgefeiltes Datenmanagement; der Wunsch nach rascher Bedienung führt in Schnellrestaurants zum Ein-

Technologische Unterstützung zur Befriedigung von Kundenwünschen wird immer wichtiger

satz elektronisch gesteuerter Küchengeräte oder von Selbst-Check-In Automaten bei Fluggesellschaften – die Zukunft wird noch mehr solcher Technologien hervorbringen.

3. *Kommunikation von Standards:* Damit das System effektiv funktioniert, müssen Standards formuliert und so kommuniziert werden, dass alle Mitarbeiter sie gleich verstehen. So ein Standard kann z. B. lauten: „Wenn ein Kunde das Unternehmen anruft, darf er nur einmal verbunden werden, um an die Stelle zu gelangen, die sein Problem lösen kann". Verstehen alle Mitarbeiter solche Standards in gleicher Weise und akzeptieren ihre Wichtigkeit, so werden Fehler minimiert und die Leistungen optimiert.

• *Personalarbeit*

Da es die Mitarbeiter sind, die dem Kunden begegnen, kommt der Personalarbeit besondere Bedeutung zu. Die Personalabteilung muss sich durch interne Kundenorientierung auszeichnen – ihre Arbeit muss darauf ausgerichtet sein, die Mitarbeiter und Mitarbeiterinnen mit Kundenkontakt in ihrer Aufgabe optimal zu unterstützen. Es sind vor allem zwei Bereiche, die den Mitarbeitern die Kundenorientierung der Personalarbeit verdeutlichen:

1. *Kundenorientiertes Training:* Die Aus- und Weiterbildungsmaßnahmen eines kundenorientierten Unternehmens sind darauf ausgerichtet, dass die Mitarbeiter ihre Aufgabe optimal bewältigen können. Nicht oberflächliche „Lächel-Trainings" werden angeboten, sondern die notwendigen Fähigkeiten vermittelt, um die Probleme der Kunden lösen zu können. Aber auch Trainings, die Mitarbeiter in die Lage versetzen, möglicherweise im Kundenkontakt auftretende Stresssituationen zu bewältigen, sind hier zu nennen. Es sind also Hilfestellungen bei der Bewältigung der Arbeit, die im Zentrum der von der Personalabteilung angebotenen Weiterbildungsmaßnahmen stehen.

2. *Kundenorientierte Belohnungen:* Durch die Form der Belohnung zeigt ein Unternehmen, was ihm wirklich wichtig ist. Wenn z. B. die Unternehmensleitung beständig Kundenorientierung predigt, gleichzeitig aber die Mitarbeiter im Kundenkontakt umsatzabhängig entlohnt werden, so wird klar, was im Unternehmen wirklich zählt: Der Umsatz. In einem kundenorientierten Unternehmen wird dagegen kundenorientiertes Verhalten der Mitarbeiter ausdrücklich anerkannt, es wird belohnt und die Bezahlung berücksichtigt das Bemühen um die Bedürfnisse der Kunden (Jensen, 2001).

Bei all den genannten Merkmalen der Organisation ist zu beachten:

Entscheidend für die Wirkung der Organisation ist die Wahrnehmung der Mitarbeiter: Wie sie das Unternehmen erleben, bestimmt ihr Verhalten!

60

Es genügt also nicht, die Organisation nach den Vorstellungen des Managements zu gestalten, man muss auch regelmäßig überprüfen, wie die Mitarbeiter das Unternehmen erleben. Daher muss der Grad der Kundenorientierung eines Unternehmens messbar sein.

3.5.2 Messung

Zur Messung der Kundenorientierung des Unternehmens werden die Mitarbeiter in regelmäßigen Abständen mit Hilfe geeigneter Fragebögen befragt. Ein Beispiel ist im Folgenden abgebildet.

Ein Fragebogen zur Erfassung der Kundenorientierung des Unternehmens

---

Kundenorientierung des Unternehmens (Lytle et al., 1998)

Im Folgenden finden Sie eine Reihe von Aussagen über Ihr Unternehmen. Bitte geben Sie auf einer Skala von „1 = stimme völlig zu" bis „5 = lehne völlig ab" an, ob die Aussagen auf Ihr Unternehmen zutreffen oder nicht.

Kundenorientierte Führung   1   2   3   4   5

1. Das Management kommuniziert regelmäßig die Bedeutung der Dienstleistung ☐ ☐ ☐ ☐ ☐

2. Das Management verbringt regelmäßig Zeit mit Kunden und mit Mitarbeitern mit Kundenkontakt ☐ ☐ ☐ ☐ ☐

3. Das Management erfasst regelmäßig die Qualität der Leistungen ☐ ☐ ☐ ☐ ☐

4. Das Management zeigt, dass es sich um die Dienstleistungen kümmert, in dem es regelmäßig den Kontakt zu den Kunden sucht ☐ ☐ ☐ ☐ ☐

5. Das Management stellt Ressourcen zur Verfügung, damit die Mitarbeiter den Kunden guten Service bieten können ☐ ☐ ☐ ☐ ☐

6. Die Manager engagieren sich persönlich, damit wir eine hohe Qualität erzielen ☐ ☐ ☐ ☐ ☐

Vision

1. Die Orientierung an den Kunden ist echt, kein bloßes Lippenbekenntnis ☐ ☐ ☐ ☐ ☐

2. Kunden werden nicht als bloße Geldquelle betrachtet ☐ ☐ ☐ ☐ ☐

3. Hier wird wirklich geglaubt, dass die Organisation dazu besteht, die Bedürfnisse der Kunden zu erfüllen ☐ ☐ ☐ ☐ ☐

Behandlung der Kunden   1   2   3   4   5

1. Die Mitarbeiter behandeln Kunden so, wie sie   □   □   □   □   □
   selbst behandelt werden möchten

2. Die Mitarbeiter machen alles – und noch   □   □   □   □   □
   etwas mehr – für die Kunden

3. Wir sind freundlicher und höflicher als unsere   □   □   □   □   □
   Mitbewerber

4. Die Mitarbeiter bemühen sich, den Kunden   □   □   □   □   □
   Unannehmlichkeiten zu ersparen

Empowerment der Mitarbeiter

1. Die Mitarbeiter treffen Entscheidungen, die
   für den Kunden wichtig sind, häufig ohne   □   □   □   □   □
   Rücksprache bei den Vorgesetzten

2. Damit der Service besonders gut wird, können   □   □   □   □   □
   die Mitarbeiter unabhängig handeln

Verhinderung von Fehlern

1. Wir scheuen keine Mühe, um Fehler zu vermeiden   □   □   □   □   □

2. Wir hören unseren Kunden aufmerksam zu   □   □   □   □   □

3. Wir scheuen keine Mühe, damit den Kunden   □   □   □   □   □
   erst gar keine Probleme entstehen

Beseitigung von Fehlern

1. Wir haben exzellente Systeme zur Behand-   □   □   □   □   □
   lung von Kundenbeschwerden

2. Wir haben Problemlöse-Gruppen, um Fehler   □   □   □   □   □
   bewältigen zu können

3. Wir rufen Kunden regelmäßig an, um sicher
   zu stellen, dass unsere Dienstleistungen   □   □   □   □   □
   fehlerlos waren

4. Jeder Kunde bekommt bei uns eine Service-   □   □   □   □   □
   Garantie

Technologie

1. Die Technologie, mit der wir unsere Dienst-   □   □   □   □   □
   leistungen unterstützen, ist hochmodern

2. Unsere Technologie dient einer hohen Qualität   □   □   □   □   □
   der Dienstleistungen

3. Wir benutzen moderne Technologien, um die   □   □   □   □   □
   Mitarbeiter mit Kundenkontakt zu unterstützen

Kommunikation von Standards

	1	2	3	4	5
1. Wir verwenden interne Standards, die auf Fehler verweisen, bevor wir Beschwerden von Kunden bekommen	☐	☐	☐	☐	☐
2. Die Ergebnisse von Kundenbefragungen werden allen Mitarbeitern in gut verständlicher Form vermittelt	☐	☐	☐	☐	☐
3. Alle Mitarbeiter verstehen die Standards für die Dienstleistungen, die wir uns gegeben haben	☐	☐	☐	☐	☐
4. Die Ergebnisse der Qualitätsmessungen unserer Dienstleistungen werden allen Mitarbeitern mitgeteilt	☐	☐	☐	☐	☐

Training

	1	2	3	4	5
1. Jeder Mitarbeiter bekommt ein Training seiner persönlichen Fähigkeiten, damit er seinen Aufgaben gewachsen ist	☐	☐	☐	☐	☐
2. Wir verwenden viel Zeit und Energie auf Trainings, die uns im Umgang mit den Kunden helfen	☐	☐	☐	☐	☐
3. In den Trainings machen wir Übungen, um die Einstellung gegenüber den Kunden zu verbessern	☐	☐	☐	☐	☐

Belohnungen

	1	2	3	4	5
1. Das Management belohnt guten Service, nicht nur Produktivität	☐	☐	☐	☐	☐
2. Ausgezeichnete Leistungen im Kontakt mit Kunden werden in diesem Unternehmen öffentlich anerkannt	☐	☐	☐	☐	☐

Solche Befragungen lassen sich auf verschiedene Weise auswerten. Liegen Daten aus mehreren Unternehmen vor, können diese verglichen werden und im Sinne eines Benchmarking Zielvorgaben für Verbesserungen liefern. In einem Unternehmen kann ein Vergleich zwischen verschiedenen Abteilungen oder Filialen berechnet werden. Auch in diesem Fall lassen sich die Daten zum Benchmarking einsetzen: Ausgehend von der Abteilung, in der sich für die einzelnen Skalen jeweils die besten Ergebnisse finden, kann untersucht werden, in welcher Hinsicht sich dieser Bereich von den anderen unterscheidet. So werden konkrete Hinweise für Verbesserungen im Unternehmen entdeckt. Ob diese Verbesserungen auch von

Die Auswertung von Mitarbeiterbefragungen sollte zu Verbesserungsmaßnahmen führen

Mitarbeitern wahrgenommen werden, kann durch regelmäßige Durchführung der Befragung festgestellt werden. Durch Vergleich der Ergebnisse im Laufe der Zeit können alle Maßnahmen zur Erhöhung der Kundenorientierung überprüft werden.

Befragungen der Mitarbeiter über ihre Wahrnehmung des Unternehmens sind Instrumente der Unternehmenssteuerung. Durch die kundenorientierte Ausrichtung des Unternehmens werden die Bedingungen für kundenorientiertes Verhalten der Mitarbeiter geschaffen. Darüber hinaus gibt es eine Reihe direkter Maßnahmen, die geeignet sind, kundenorientiertes Verhalten der Mitarbeiter zu sichern.

4 Vorgehen

Wie lässt sich sicher stellen, dass sich Mitarbeiter kundenorientiert verhalten? Zu diesem Zweck müssen geeignete Mitarbeiter gesucht und ausgewählt, ihre Leistung regelmäßig hinsichtlich der Kundenorientierung beurteilt, aus den Beurteilungen geeignete Trainingsmaßnahmen abgeleitet und die Arbeitsbedingungen so gestaltet werden, dass die Mitarbeiter das entsprechende Verhalten auch zeigen können.

4.1 Rekrutierung

Durch angemessene Rekrutierung müssen geeignete Bewerber gewonnen werden

Die Auswahl geeigneter Mitarbeiter erfordert einen Pool von Bewerbern. Die Qualität der Bewerber entscheidet darüber, ob überhaupt geeignete Mitarbeiter eingestellt werden *können*. Durch angemessene Rekrutierung müssen die verantwortlichen Führungskräfte dafür sorgen, dass sich diejenigen bewerben, die tatsächlich den Anforderungen an kundenorientiertes Verhalten genügen. Dazu sind einige Vorüberlegungen notwendig.

Wer die besten Mitarbeiter will, der muss auch entsprechendes anbieten

Zunächst muss man sich klar machen, welche Mitarbeiter gesucht werden. Das ist eine strategische Entscheidung. Ein Unternehmen, das die Kunden langfristig an sich binden möchte und auf seinem Markt durch den besten Service bestehen will, muss die besten Mitarbeiter *für seinen Markt* suchen (Schneider & Bowen, 1995). Das bedeutet, man muss sich zunächst überlegen, was das Unternehmen zu bieten hat, damit sich die besten Leute wünschen, in diesem Unternehmen zu arbeiten! Manche Unternehmen behaupten, Kundenorientierung sei ihr Ziel und verfolgen gleichzeitig ein rigides Kostenmanagement, um über die Preise konkurrenzfähig zu bleiben. Ein solches Unternehmen stellt die höchsten Anforderungen an die Mitarbeiter und möchte gleichzeitig möglichst wenig dafür bieten. Mit dieser Strategie kann man nicht den besten Service bieten und wird deshalb auch nicht die besten Mitarbeiter für seinen Markt gewinnen.

Der Grund für diese widersprüchliche Haltung ist letztlich die Geringschätzung der geforderten Fähigkeiten, der Glaube, kundenorientiertes Verhalten sei etwas, wozu jeder fähig ist, wenn er nur will. Daher sollte man sich noch einmal vergegenwärtigen, was einen kundenorientierten Mitarbeiter – über hervorragende fachliche Fähigkeiten hinaus – auszeichnet:

Kundenorientierung stellt hohe Anforderungen an die Mitarbeiter

---

Geeignete Mitarbeiter müssen

– eine kundenorientierte Einstellung haben
– über hohe soziale Kompetenz verfügen
– verbale und nonverbale Kommunikation sicher beherrschen
– die Perspektive der Kunden übernehmen
– die Erwartungen der Kunden schnell und zutreffend erkennen und daran ihr Verhalten ausrichten
– die Kunden so bedienen, dass deren Erwartungen erfüllt werden
– im richtigen Moment spontanes Verhalten zeigen, das die Erwartungen der Kunden übertrifft und sie begeistert
– auftretende Probleme im Service so bewältigen, dass die Kunden zufrieden sind
– eigene Gefühle kontrollieren und das Selbstwertgefühl der Kunden in den Mittelpunkt ihres Handelns stellen
– konflikthafte Erwartungen von Vorgesetzten, Kunden, häufig auch von Kollegen im Backoffice ausbalancieren oder durch geschicktes Beziehungsmanagement erst gar nicht entstehen lassen

---

Dies alles – bzw. die Bereitschaft und Fähigkeit, sich dies alles anzueignen – wird von kundenorientierten Mitarbeitern erwartet. Wer sich das klar macht, wird erkennen, dass ein Unternehmen im Austausch für solche Qualitäten einiges bieten muss, um die besten Mitarbeiter für den eigenen Markt zu bekommen.

Die gängigen Methoden der Personalrekrutierung bzw. des Personalmarketing lassen sich auch auf die Suche nach kundenorientierten Mitarbeitern übertragen (Moser & Zempel, 2001). Zwei Punkte sind aber speziell für diesen Fall zu betonen (Schneider & Bowen, 1995):

1. Ein Unternehmen, das auf seinem Markt ein gutes Image hat, wird mehr und unterschiedlichere Bewerber für ausgelobte Stellen bekommen und hat damit eine bessere Wahlmöglichkeit. Das Image des Unternehmens wird bestimmt durch die Qualität der Produkte und Dienstleistungen und den Status als Arbeitgeber, das heißt wie stolz die Mitarbeiter sind, für dieses Unternehmen zu arbeiten. Um kundenorientierte Mitarbeiter

Ein gutes Image als kundenorientiertes Unternehmen hilft bei der Rekrutierung

anzuwerben ist es zudem wichtig, dass das Unternehmen selbst einen Ruf für seine Kundenorientierung hat.

2. Die besten Bewerber sind gewöhnlich diejenigen, die dem Unternehmen von den Mitarbeitern empfohlen werden. Mitarbeiter, die sich mit dem Unternehmen identifizieren, werden nur solche Bewerber empfehlen, von denen sie sich sicher sind, dass sie zum Unternehmen passen. Sie fühlen sich zudem für ihre Empfehlung verantwortlich und werden ihr Bestes geben, damit der von ihnen Empfohlene keine Erwartungen enttäuscht.

Ein kundenorientiertes Unternehmen hat ein gutes Image am Markt und gleichzeitig sind die Mitarbeiter, die gerne guten Service bringen, in so einem Unternehmen zufrieden. Zufriedene Mitarbeiter werden solche Bewerber vorschlagen, die kompetent und motiviert zu kundenorientiertem Verhalten sind. Das sichert die Qualität des Service und das Image des Unternehmens. Allerdings kommen allein auf diesem Wege selten genügend Bewerbungen zustande. Daher muss gewöhnlich durch die gängigen Verfahren – z. B. Stellenanzeigen – der Pool von Bewerbern aufgestockt werden. Für die Auswahl der am besten geeigneten Bewerber sind dann zuverlässige Verfahren einzusetzen.

4.2 Auswahl

Stehen für eine Position mit Kundenkontakt mehrere Bewerberinnen und Bewerber zur Verfügung, so stellt sich die Aufgabe, diejenigen auszuwählen, von denen kundenorientiertes Verhalten zu erwarten ist und die am besten zum Markt des Unternehmens passen. Das ist eine äußerst wichtige Aufgabe, denn Fehlbesetzungen sind mit hohen Kosten verbunden (Schuler, 2000). Bei Dienstleistungen und allen Tätigkeiten mit Kundenkontakt haben Fehlentscheidungen darüber hinaus unwägbare Folgen für die Kundenbindung und das Image des Unternehmens. Angesichts dieser Bedeutung der Auswahl geeigneter Mitarbeiter ist es erstaunlich, wie wenig Wert in vielen Unternehmen auf diese Aufgabe gelegt wird. Zwar werden gewöhnlich die fachlichen Fähigkeiten recht gründlich geprüft, aber die für den Erfolg ebenfalls ganz wesentlichen sozialen Fähigkeiten werden kaum systematisch analysiert. Stattdessen vertraut man in dieser Frage allenthalben dem eigenen subjektiven Eindruck aus dem normalen Einstellungsgespräch. Dabei hat die psychologische Forschung längst gezeigt, dass ein übliches Einstellungsgespräch die schlechteste Methode der Auswahl darstellt.

Wie kann die Auswahl verbessert werden? Drei Möglichkeiten werden im Folgenden kurz beschrieben: Psychologische Tests, Verhaltenssimulationen und das Multimodale Interview. Die Ausführungen konzentrieren sich nur auf die Frage der Kundenorientierung – selbstverständlich müssen bei der Auswahl daneben noch andere, für die Position wichtige Anforderungen überprüft werden.

66

4.2.1 Psychologische Tests und Analyse der Anforderungen

Eine kundenorientierte Einstellung und ein entsprechendes Verhalten hängt eng mit einigen Persönlichkeitsmerkmalen zusammen, die bereits dargestellt wurden (siehe Kap. 3.2). Im Einzelnen sind das:
- Gewissenhaftigkeit,
- Verträglichkeit und
- Emotionale Stabilität.

Gewissenhaftigkeit, Verträglichkeit und Emotionale Stabilität können durch Tests zuverlässig gemessen werden

Diese Merkmale lassen sich zuverlässig durch psychologische Tests messen, Beispiele dafür wurden ebenfalls bereits gezeigt (siehe Kap. 3.2). Bewerber, die in solchen Tests gut abschneiden, haben mehr Erfolg in ihrer Aufgabe als andere, die in diesen Tests nicht so gut abschneiden.

Ein Problem bei solchen sogenannten „Papier und Bleistift"-Tests ist allerdings, dass sie sehr allgemeine Merkmale der Persönlichkeit messen, eine direkte Erfassung der Fähigkeiten im Umgang mit Kunden ist damit nicht möglich. Besser geeignet sind dafür video- bzw. filmgestützte Verfahren. Schuler, Diemand und Moser (1993) haben für den Bankbereich ein Verfahren entwickelt, mit dem sich wichtige Aspekte der sozialen Kompetenz erfassen lassen. Dabei werden die Reaktionen von Bewerbern und Bewerberinnen auf soziales Verhalten, das in Filmszenen dargeboten wird, auf folgende Weise erfasst.

Die Analyse der Reaktionen auf Filmszenen erfasst die Fähigkeiten im Kundenkontakt

Auswahl durch Filmszenen

Aus einer Reihe von Filmen, die für Trainingszwecke produziert wurden, haben Schuler und seine Mitarbeiter (1993) elf Ausschnitte ausgewählt. Die Filmsequenzen werden den Bewerbern vorgespielt, in Anschluss an jede Szene erscheint für 1,5 Minuten ein Standbild mit zwei Fragen. Diese müssen die Probanden beantworten. Zur Erfassung von Kundenorientierung wird zum Beispiel folgende Szene gezeigt:

„Ein etwas unkonventionell gekleideter junger Mann will von einer Kundenberaterin nähere Informationen haben, um einen Kredit für seinen Urlaub aufnehmen zu können. Die Beraterin reagiert hierauf zunächst erstaunt, berät aber dann den Kunden. Im Anschluss erscheinen zwei Aufgaben am Bildschirm: ‚Beschreiben Sie das Verhalten der Beraterin!' und ‚Wie könnte sich die Beraterin besser verhalten?'".

Durch die erste Frage wird erfasst, ob die Bewerber die entscheidenden sozialen Hinweisreize erkennen, die zweite Frage ermöglicht Rückschlüsse auf das Verhalten bei der Begegnung mit Kunden. Die Antworten werden über eine Checkliste ausgewertet.

Film- oder videogestützte Verfahren der Personalauswahl sind für den Dienstleistungsbereich sehr gut geeignet, allerdings müssen sie von Fachleuten speziell für die Bedürfnisse der Unternehmen entwickelt werden. Beim Einsatz psychologischer Testverfahren sind zudem einige Punkte zu beachten.

Tests sollten nur von psychologisch geschultem Fachpersonal eingesetzt werden

Zum einen sollten sie möglichst nur unter Anleitung ausgebildeter Psychologen durchgeführt und ausgewertet werden. Entsprechendes Fachpersonal findet sich allerdings gewöhnlich nur in größeren Unternehmen mit einer professionellen Personalabteilung. In solchen Unternehmen sollten aber unbedingt die psychologisch geschulten Kolleginnen und Kollegen in die Auswahl kundenorientierter Mitarbeiter einbezogen werden. Zum anderen kann die mit psychologischen Tests gewonnene Information nicht allein über die Auswahl entscheiden. Mit Tests wird die Persönlichkeit der Bewerber erfasst und überprüft, ob sie die grundlegenden Voraussetzungen für kundenorientiertes Verhalten mitbringen. Ziel der Auswahl muss es aber sein, diejenigen unter den Bewerbern herauszufinden, die für die speziellen Aufgaben des Unternehmens und die besonderen Anforderungen im Markt geeignet sind.

Jedes Unternehmen sollte die spezifischen Anforderungen seines Marktes analysieren

Vor jeder Auswahlentscheidung sollte man daher ermitteln, welche Anforderungen die zu besetzende Stelle an den künftigen Mitarbeiter stellt. Die Arbeitspsychologie hat eine Vielzahl von Methoden entwickelt, mit denen sich aus konkreten Arbeitstätigkeiten die Anforderungen ableiten lassen, die zu ihrer erfolgreichen Bewältigung notwendig sind (vgl. Dunckel, 1999). Für Arbeiten im Kundenkontakt ist die Analyse kritischer Ereignisse besonders hilfreich (Flanagan, 1954). Mit dieser Methode lassen sich nicht nur die Erwartungen von Kunden ermitteln, sondern auch die Anforderungen kundenbezogener Tätigkeiten. Zu diesem Zweck berichten Personen, die mit der Arbeit sehr vertraut sind, über konkrete Ereignisse in der Arbeit und beschreiben genau das Verhalten, das zu einem Erfolg bzw. einem Misserfolg in der Tätigkeit geführt hat. Ein Beispiel für das Vorgehen im Verkauf zeigt die folgende Darstellung (nach Frieling, 1975).

Anforderungen werden durch die Methode kritischer Ereignisse erfasst

---

Leitfaden zur Erhebung von kritischen Ereignissen

Denken Sie an einen Zeitraum zurück (ungefähr sechs Monate), der für Sie lang genug ist, um alle Tätigkeiten Ihrer Verkäufer beobachten zu können. Konzentrieren Sie Ihre Aufmerksamkeit auf etwas, was einer Ihrer Verkäufer gemacht hat und weswegen Sie ihn für einen außergewöhnlich guten oder sehr effizienten Verkäufer halten.

- Welche allgemeinen Bedingungen führten zu diesem Ereignis?
- Berichten Sie genau, was Ihr Verkäufer zu dieser Zeit so Wirksames machte.
- Was waren die Konsequenzen dieses Verhaltens?
- Wann geschah das Ereignis?
- Wie lange ist der betreffende Verkäufer in seinem Bezirk?
- Wie lange ist dieser Verkäufer im Unternehmen?

Werden die so gesammelten Ereignisse systematisch ausgewertet, gelangt man zu „erfolgskritischen Verhaltensweisen", das heißt solchem Verhalten, das mit größerer Wahrscheinlichkeit zu Erfolg oder zu Misserfolg in der Tätigkeit führt. Aus den ermittelten Verhaltensweisen kann man auf die Anforderungen der Tätigkeit schließen und Verfahren konstruieren, anhand derer sich das Verhalten in entsprechenden Situationen beobachten lässt. Solche Verfahren werden als „Verhaltenssimulationen" bezeichnet, sie sind für die Auswahl von kundenorientierten Mitarbeitern besonders wichtig.

Aus erfolgskritischem Verhalten kann auf die Anforderungen geschlossen werden

4.2.2 Verhaltenssimulationen

Verhaltenssimulationen sind Übungen, in denen die Bewerber wichtige Situationen aus dem Arbeitsfeld bewältigen müssen (vgl. Höft & Funke, 2001). Solche Situationen können mit Hilfe der Methode kritischer Ereignisse gewonnen werden. Allerdings erfordert die Konstruktion der Übungen einige Erfahrung, daher sollten sie von Experten aus der Personalabteilung oder durch externe Unternehmensberater mit fachpsychologischer Ausbildung entwickelt werden.

In Verhaltenssimulationen müssen Bewerber wichtige Situationen der Arbeit bewältigen

Bei Verhaltenssimulationen werden standardisierte Bedingungen hergestellt, zu deren Bewältigung die Bewerber das Verhalten zeigen müssen, das auf dem betreffenden Markt erforderlich ist: Verärgerte Kunden, Mängel im Service, Möglichkeiten den Kunden fair oder unfair zu behandeln – all das lässt sich in standardisierte Simulationen einbauen. Da die Bewerber bei der Bewältigung der Aufgabe beobachtet werden, kann man sich ein unmittelbares Bild davon machen, wie sie sich mit den Anforderungen des Marktes auseinandersetzen. Ein Beispiel für die Simulation der Arbeit eines Call Center Agents ist im Folgenden dargestellt (nach Schneider & Bowen, 1995).

Bewerber werden bei der Bewältigung kritischer Situationen beobachtet

---

Simulation der Arbeit im Call Center

1. Zuerst studiert der Bewerber ein Manual, in dem die Richtlinien und Regeln der Arbeit beschrieben sind. Das Manual entspricht der Komplexität der im Unternehmen verwendeten Materialien.
2. Anschließend soll der Bewerber im Rollenspiel typische, in der Arbeit eines Call Center Agents auftretende Situationen bewältigen. Zum Beispiel soll er ein Gespräch mit einem Anrufer führen, der sich über die letzte Abrechnung durch das Unternehmen beschwert. Ein Mitarbeiter aus dem Unternehmen spielt den Anrufer, der heftig beteuert, dass er keine Schuld hat. Der Bewerber muss das Problem lösen und auch eine Notiz für seinen Vorgesetzten über den Vorfall abfassen.
3. Geschulte Beobachter stufen das Verhalten des Bewerbers auf standardisierten Checklisten dahingehend ein, ob er sich so verhält, wie es sich in solchen Situationen als günstig erwiesen hat. Dabei wird jedes Verhalten einer Kompetenz zugeordnet, die wichtig für die kundenorientierte Bewältigung der Aufgaben ist. Zum Beispiel kann die

---

Beobachtung, dass der Bewerber einfühlsames Verständnis für die Situation des Kunden zeigt, ohne gegenüber dem Unternehmen illoyal zu werden, als Hinweis auf seine Neigung zur Perspektivenübernahme gewertet werden.

4. Die Ergebnisse von mehreren Beobachtern werden aufaddiert und zwischen den Bewerbern verglichen.

Situationen und Beobachtungen müssen standardisiert sein

Entscheidend ist, dass sowohl die Situationen als auch die Checklisten zur Beobachtung standardisiert sind. Nur dann können die Ergebnisse verschiedener Bewerber in Verhaltenssimulationen verglichen werden. Zudem müssen die simulierten Situationen für die erfolgreiche Bewältigung der Aufgabe relevant sein. Wenn aufgrund der Aufgabe Kunden selten ärgerlich werden, sollte auch keine solche Situation simuliert werden.

> Die Inhalte der Simulationen müssen die Inhalte der Aufgaben wiedergeben.

Verhaltenssimulationen werden als faire Form der Auswahl erlebt

Verhaltenssimulationen ermöglichen nicht nur die unmittelbare Beobachtung des Verhaltens von Bewerbern in tätigkeitskritischen Situationen, sie haben auch den wichtigen Nebeneffekt, dass die Bewerber die Methode der Auswahl als fair erleben. Während psychologische Tests bei den Bewerbern nicht sehr beliebt sind, erkennen sie in diesem Fall einen unmittelbaren Bezug zur Tätigkeit. Setzt ein Unternehmen Auswahlverfahren ein, die sowohl von den abgelehnten als auch den eingestellten Bewerbern als fair erlebt werden, so hat das positive Auswirkungen auf das Image des Unternehmens. Zudem zeigen die eingestellten Bewerber besondere Bereitschaft, sich für das Unternehmen zu engagieren und die abgelehnten werden in der Folge eher positiv über das Unternehmen sprechen.

4.2.3 Einstellungsgespräche: Das Multimodale Interview

Einstellungsgespräche sind unverzichtbar für die Auswahl

Das herkömmliche Einstellungsgespräch, in dem man sich aufgrund mehr oder weniger unsystematischer Fragen und Beobachtungen einen Eindruck vom Bewerber verschafft, ist wenig geeignet, um kundenorientierte Mitarbeiter auszuwählen (Schuler, 2002). Trotzdem ist es natürlich ein unverzichtbarer Teil der Einstellungsprozedur, da im Gespräch auch das Unternehmen präsentiert und beim Bewerber bestimmte Erwartungen über und Vorstellungen von seiner künftigen Tätigkeit aufgebaut werden. Die Qualität dieses Gesprächs als Auswahlinstrument kann zudem erheblich verbessert werden, wenn es auf einer gründlichen Analyse der Anforderungen einer Tätigkeit beruht und einige standardisierte Teile umfasst. In diesem Fall spricht man auch von einem *Multimodalen Interview* (Schuler, 1992; 2000; 2002; Schuler & Marcus, 2001).

Durch standardisierte Teile kann die Qualität erheblich verbessert werden

Ein solches Einstellungsgespräch besteht aus acht Komponenten, wobei sich freie Gesprächsteile mit standardisierten Teilen ablösen. Die standardisierten Teile dienen der Beurteilung, ob der Bewerber für die Position geeignet ist, die freien Teile sichern den von den Bewerbern wie den Anwendern geschätzten Gesprächscharakter und ermöglichen es, wichtige Informationen über das Unternehmen und die Aufgabe zu vermitteln. Der grundlegende Aufbau sieht so aus (nach Schuler, 1992):

Multimodales Interview

- *Gesprächsbeginn.* In einer kurzen, informellen Unterhaltung wird versucht, eine angenehme und offene Atmosphäre herzustellen. Außerdem wird der Ablauf des Gesprächs skizziert.
- *Selbstvorstellung des Bewerbers.* Der Bewerber spricht einige Minuten über seinen beruflichen und privaten Hintergrund, seine aktuelle Situation und seine Erwartungen an die Zukunft.
- *Berufsorientierung und Organisationswahl.* Einige standardisierte Fragen zur Berufswahl, den beruflichen Interessen, zu Gründen für die Wahl des Unternehmens, unter Umständen auch zum Fachwissen.
- *Freier Gesprächsteil.* Fragen zu Punkt zwei und drei, die unklar geblieben sind.
- *Biographiebezogene Fragen.* Wenn sich in der Analyse der Anforderungen gezeigt hat, dass beruflicher Erfolg mit bestimmten biographischen Merkmalen einhergeht, werden dazu standardisierte Fragen gestellt.
- *Realistische Tätigkeitsinformationen.* Der Interviewer beschreibt die Tätigkeit realistisch und ausgewogen.
- *Situative Fragen.* Der Bewerber soll sein Verhalten in einigen typischen Situationen der zu besetzenden Position beschreiben.
- *Gesprächsabschluss.* Der Bewerber hat Gelegenheit, Fragen zu stellen, das weitere Vorgehen wird besprochen und unter Umständen werden auch schon erste Vereinbarungen getroffen.

Die standardisierten Teile dieses Interviews seien kurz erläutert (vgl. Schuler & Marcus, 2001).

Analyse der
Selbstvor-
stellung
erfordert anfor-
derungsbezoge-
ne Urteile auf
standardisierten
Skalen

Selbstvorstellung des Bewerbers: Dabei können verschiedene Aspekte, die für die Arbeit mit Kunden wichtig sind, gut beobachtet werden – z. B. das sprachliche Ausdrucksvermögen, Sicherheit in der Formulierung eigener Ansprüche, Hinweise auf die Bedeutung sozialer Kontakte und vieles mehr. Entscheidend ist, dass anforderungsbezogen beurteilt wird: Nur solche Verhaltensweisen sind einzustufen, die sich in einer vorher durchgeführten Analyse der speziellen Anforderungen der Tätigkeit als wichtig erwiesen haben. Diese Anforderungen werden vorab schriftlich festgelegt, der Beurteiler beobachtet den Bewerber daraufhin und stuft seine Beobachtungen

z. B. auf einer Skala von „1 = trifft vollständig zu" bis „5 = trifft überhaupt nicht zu" ein.

Berufsorientierung und Organisationswahl: Auch diese Fragen sind natürlich anforderungsbezogen angelegt – es interessieren nur die Aspekte, die Aufschluss über die Kundenorientierung des Bewerbers geben. Bereits die Wahl des Berufs und ihre Begründung lassen erkennen, welchen Stellenwert Kunden bzw. die Zusammenarbeit mit anderen Menschen für den Bewerber haben. Die Fragen zur Organisationswahl ermöglichen Rückschlüsse auf die Motivation des Bewerbers. Wünscht er sich eine Position in diesem Unternehmen, weil es einen guten Ruf aufgrund der gebotenen Bezahlung und der Aufstiegsmöglichkeiten hat, oder weil es für seinen exzellenten Service und die Ausrichtung auf die Kunden bekannt ist? Das sind Beispiele von Fragen, die in diesem Teil des Interviews gestellt werden. Die Fragen müssen

– auf die konkreten Anforderungen der Tätigkeit abgestimmt sein
– standardisiert sein, das heißt allen Bewerbern in gleicher Weise gestellt werden
– die Antworten darauf müssen auf Skalen eingestuft werden, die durch konkrete Beispiele von kundenorientiertem versus nicht-kundenorientiertem Verhalten verankert sind.

Biographiebezogene Fragen: Diese Fragen basieren auf dem wichtigen Grundsatz: „Künftiges Verhalten kann am besten durch früheres Verhalten vorhergesagt werden". Wer z. B. schon häufig in Konflikt mit anderen Menschen gekommen ist, der wird das wahrscheinlich auch künftig häufiger erleben. Auch biographiebezogene Fragen müssen aus den Anforderungen der Tätigkeit abgeleitet und standardisierte Antwortmöglichkeiten vorgegeben werden. Ein Beispiel, das auf eine wichtige Dimension kundenorientierten Verhaltens abzielt, könnte so aussehen:

Anforderung: Probleme mit Kunden bewältigen

Kunden können manchmal auch sehr unfreundlich und verletzend sein. Erzählen Sie mir von einem schlimmen Kunden, mit dem Sie zu tun hatten.

– Welches Verhalten des Kunden hat Sie besonders gestört?
– Wie haben Sie reagiert?
– Wie sind sie mit seiner Unfreundlichkeit umgegangen?
– War der Kunde zufrieden, als er ging?

Bewertung der Antwort:
1 Punkt: Beispiel, in dem das Problem aufgrund der Hilflosigkeit des Bewerbers eskalierte und der Kunde verloren wurde
3 Punkte: Beispiel für eine Problemlösung, die nur kurzfristig tragfähig war und beide Seiten nicht recht zufrieden gestellt hat

---

5 Punkte: Unvoreingenommene Schilderung des Anlasses, in der auch der eigene Beitrag zur Verärgerung des Kunden erwähnt wird; überzeugende Darstellung, wie das Verständnis für die Situation des Kunden ausgedrückt wurde; Beispiele für die Gesprächstechnik, die den Blick des Kunden auf die Lösung des Problems gelenkt hat; Schilderung einer Problemlösung, die eine Zufriedenheit des Kunden tatsächlich erwarten lässt

Realistische Tätigkeitsinformationen: Dabei handelt es sich nicht um standardisierte Aussagen, da dieser Teil des Interviews aber nicht allgemein verbreitet ist, erfordert er einige Anmerkungen. Im ersten Jahr nach der Einstellung kündigen Mitarbeiter von sich aus am häufigsten. Der wichtigste Grund dafür sind unrealistische Erwartungen an die Tätigkeit und das Unternehmen (Wanous, 1992). Solche überzogenen Erwartungen werden nicht zuletzt im Einstellungsgespräch erzeugt, wenn die Verantwortlichen das Unternehmen, die Möglichkeiten für die Mitarbeiter und die künftige Tätigkeit in den schönsten Farben ausmalen. Die Enttäuschung über die Realität ist dann umso größer. Das kann vermieden werden, wenn die Bewerber in diesem Punkt des Gesprächs nicht nur positive Informationen erhalten, sondern auch auf Probleme und Schwierigkeiten eingestimmt werden. Später werden sie nicht so leicht enttäuscht und können mit auftretenden Schwierigkeiten besser umgehen. Das kommt ihrer Motivation und der Leistungsfähigkeit zugute.

Realistische Informationen über die Tätigkeit beugen Enttäuschungen vor

Situative Fragen: Solche Fragen sind ähnlich aufgebaut wie biographische Fragen, im Gegensatz zu diesen zielen sie aber darauf, was die Bewerber in einer bestimmten Situation tun *würden*. Situative Fragen sind also zukunftsgerichtet. Dahinter steht die Annahme, dass sich aus Absichten und Zielen auf künftiges Verhalten schließen lässt. Ein Beispiel für eine situative Frage, mit der künftiges kundenorientiertes Verhalten erfasst wird, sieht so aus (Schuler & Diemand, 1991):

Situative Fragen sind zukunftsgerichtet

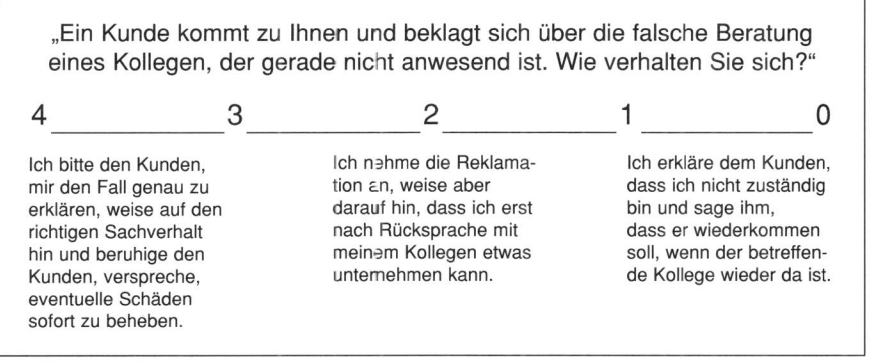

„Ein Kunde kommt zu Ihnen und beklagt sich über die falsche Beratung eines Kollegen, der gerade nicht anwesend ist. Wie verhalten Sie sich?"

4	3	2	1	0

Ich bitte den Kunden, mir den Fall genau zu erklären, weise auf den richtigen Sachverhalt hin und beruhige den Kunden, verspreche, eventuelle Schäden sofort zu beheben.

Ich nehme die Reklamation an, weise aber darauf hin, dass ich erst nach Rücksprache mit meinem Kollegen etwas unternehmen kann.

Ich erkläre dem Kunden, dass ich nicht zuständig bin und sage ihm, dass er wiederkommen soll, wenn der betreffende Kollege wieder da ist.

Abbildung 12:
Beispiel für eine situative Frage (nach Schuler & Diemand, 1991, S. 92)

Ein sorgfältig entwickeltes Multimodales Interview, das auf einer Anforderungsanalyse beruht, kann die Qualität der Auswahl kundenorientierter Mitarbeiter erheblich verbessern. Wie bei Verhaltenssimulationen gilt auch in diesem Fall, dass die Entwicklung von psychologisch geschultem Fachpersonal durchzuführen ist. Außerdem müssen die Anwender in der Handhabung der standardisierten Fragen und im Ablauf des Interviews trainiert werden. Werden mit dem Multimodalen Interview kundenorientierte Mitarbeiter ausgewählt, haben solche Schulungen auch noch einen wichtigen Nebeneffekt: Die Führungskräfte setzen sich intensiv damit auseinander, was im Unternehmen unter Kundenorientierung verstanden wird und kommen zu einem gleichen Verständnis davon.

Das Training des Multimodalen Interviews führt zu einem gemeinsamen Verständnis von Kundenorientierung

4.3 Leistungsbeurteilung: Das Mitarbeitergespräch

Leistungsbeurteilungen können in verschiedensten Formen durchgeführt werden (Marcus & Schuler, 2001; Nerdinger, 2001d). Zur Beurteilung der Leistung von Mitarbeitern mit Kundenkontakt ist das Mitarbeitergespräch am besten geeignet: Der Vorgesetzte kann dabei seine Erwartungen an kundenorientiertes Verhalten verdeutlichen, dem Mitarbeiter Rückmeldung darüber geben, wie er dessen Verhalten erlebt und mit ihm zusammen Ziele für die weitere Zusammenarbeit festlegen. Als Mitarbeitergespräch werden mehr oder weniger strukturierte Gespräche über die Leistungen und das Verhalten der Mitarbeiter bezeichnet, die Vorgesetzte in regelmäßigen Zeitabständen führen sollen. Im Folgenden werden die wesentlichen Punkte, die dabei zu beachten sind, knapp skizziert (vgl. Nerdinger, 2001d; Fiege et al., 2001).

Das Mitarbeitergespräch ist die beste Methode zur Beurteilung kundenorientierten Verhaltens

4.3.1 Ziele

Das Mitarbeitergespräch ist ein Führungsinstrument, das in erster Linie der Motivation der Mitarbeiter und der Verbesserung der Zusammenarbeit dient. Das Verfahren soll dazu beitragen, dass die Gesprächspartner

Ziele des Mitarbeitergesprächs

- sich wechselseitig ihre Erwartungen über die anstehende Aufgabenerfüllung und die Zusammenarbeit klar machen;
- die Aufgaben des Mitarbeiters und die Ziele seiner Tätigkeit unter dem Gesichtspunkt erörtern, wie sich sein Beitrag zum Erfolg der Abteilung bzw. des Unternehmens optimieren lässt;
- sich über die Kriterien zur Beurteilung der Arbeitsergebnisse verständigen, damit der Mitarbeiter weiß, was von ihm erwartet wird und worauf er seine Kräfte konzentrieren soll;
- zu gleicher Auffassung über den Handlungs- und Verantwortungsspielraum des Mitarbeiters gelangen, damit der Mitarbeiter diesen Spielraum nutzt und der Vorgesetzte ihn respektiert;

- erfahren, in welchen Punkten das Führungsverhalten des Vorgesetzten vom Mitarbeiter als fördernd oder hemmend erlebt wird, und wie der Vorgesetzte das Arbeitsverhalten des Mitarbeiters sieht;
- gemeinsam den Einsatz und die weitere berufliche Entwicklung des Mitarbeiters im Hinblick auf seine Befähigung und seine persönlichen Interessen überdenken und – soweit erforderlich – konkrete Fördermaßnahmen entwickeln.

Das Mitarbeitergespräch ist auf die individuelle Situation des Mitarbeiters abgestimmt. Daher eignen sich die Ergebnisse des Gesprächs nicht zur Festlegung des Gehalts oder um Vergleiche zwischen Mitarbeitern anzustellen, z. B. um Aufstiegsentscheidungen zu treffen.

4.3.2 Aufbau

Mitarbeitergespräche orientieren sich gewöhnlich an einem Gesprächsleitfaden, der exemplarisch so aussehen kann (von Rosenstiel, 2000):

Leitfaden „Mitarbeitergespräch"

Worin besteht die *Aufgabenstellung*?

- Welche Ziele müssen bei der Aufgabe erreicht werden?
- Wie sollen diese Ziele erreicht werden?
- Werden die besprochene Aufgabenstellung und die Ziele von beiden akzeptiert?

Worin liegen die besonderen *Erfolge bzw. Misserfolge* des Mitarbeiters bei der Aufgabenerfüllung?

Möglichst konkret darlegen, welche Ziele erreicht bzw. gar übertroffen und welche verfehlt wurden.

Worin sieht der Vorgesetzte die *Gründe* für die geschilderten positiven und negativen Ergebnisse? Sieht der Mitarbeiter das ähnlich?

- Gründe, die der Mitarbeiter nicht zu vertreten hat (äußere Umstände)
- Gründe, die in der Person des Beurteilten liegen

Wie soll es künftig weitergehen?

- Welche *Ziele* soll der Mitarbeiter erreichen (Ergebnisse, Verhalten, Innovationen)?
- Wie kann er dabei *gefördert* werden (fachlich, persönlich)?

Mitarbeiter-
gespräche
umfassen Rück-
blick, Standort-
bestimmung
und Ausblick

Mitarbeitergespräche sind in drei Schritten aufgebaut:
– *Rückblick* auf die vergangene Beurteilungsperiode: Hier werden Leistungen und Verhalten des Mitarbeiters besprochen;
– *Standortbestimmung:* Welche Stärken und Schwächen hat der Mitarbeiter?
– *Ausblick* auf die nächste Beurteilungsperiode, in der die Erwartungen an den Mitarbeiter möglichst genau, am besten in Form einer Zielvereinbarung formuliert und Maßnahmen zu seiner Unterstützung und Förderung vereinbart werden.

• *Rückblick: Beurteilung des Verhaltens und der Leistungen*

Zu Beginn des Gesprächs analysieren Vorgesetzter und Mitarbeiter die Ergebnisse der vergangenen Beurteilungsperiode mit Blick auf die Leistung und das Verhalten des Mitarbeiters. Für diese Aufgabe ist es entscheidend, wie genau im vorhergehenden Mitarbeitergespräch die Erwartungen an seine Leistung und sein Verhalten definiert wurden. Damit trägt das Mitarbeitergespräch entscheidend zur Rollenklarheit bei. Wurden die Erwartungen in Form einer Zielvereinbarung festgelegt, so wird die Leistung und das Verhalten des Mitarbeiters daran gemessen.

Im Rückblick
wird das Ver-
halten des
Mitarbeiters mit
den Verein-
barungen
verglichen

Bei der ersten
Durchführung
beginnt das Ge-
spräch mit einer
Klärung der
Aufgabenstel-
lungen

Bei der Neueinführung des Verfahrens „Mitarbeitergespräch" und beim ersten Gespräch mit einem neuen Mitarbeiter liegen gewöhnlich keine vereinbarten Ziele vor, an denen sich Leistung und Verhalten messen lassen. In diesen Fällen beginnt das Gespräch mit einer Klärung der Aufgabenstellungen. Mögliche Fragen, die eine solche klärende Diskussion unterstützen können, sind im Leitfaden formuliert. Entscheidend ist, dass dem Mitarbeiter die Bedeutung kundenorientierten Verhaltens klar vermittelt wird.

• *Standortbestimmung: Stärken- und Schwächenanalyse*

Die Standortbestimmung umfasst den eigentlichen Beurteilungsvorgang im Sinne einer Analyse der Stärken und Schwächen des Mitarbeiters. Auf der Basis der zunächst festgestellten Abweichungen von den vereinbarten Zielen werden die Ursachen der Abweichungen gemeinsam analysiert. Dabei können sich Vorgesetzte und Mitarbeiter an folgenden Fragen orientieren:
– Welche Ursachen hatte der Mitarbeiter nicht zu vertreten?
– Welche Ursachen gründen in den Stärken des Mitarbeiters?
– Welche Ursachen sind auf die Schwächen des Mitarbeiters zurückzuführen?
– Welche Veränderungen in den Stärken und Schwächen lassen sich erkennen?

Die Frage nach den Ursachen, die der Mitarbeiter nicht zu vertreten hatte, ist bei der Arbeit mit Kunden besonders wichtig, da in diesem Fall die Mitarbeiter häufig sehr stark von den Bedingungen am Markt, aber auch von den Backoffice-Bereichen abhängig sind. Wenn z. B. der Kundenberater

76

einer Bank weniger Finanzierungen als in früheren Perioden vorzuweisen hat, kann das auch an strengeren Regelungen der Kreditvergabe liegen, die vom Backoffice durchgesetzt werden. Ob es dem Mitarbeiter aber gelingt, auch Fehler im Backoffice gegenüber den Kunden so zu vertreten, dass diese nicht unzufrieden sind, zählt zu seinen Stärken und Schwächen. Hat z. B. das Backoffice nicht dafür gesorgt, dass ein Kredit rechtzeitig ausgezahlt wurde, können dem Kunden dadurch erhebliche Probleme entstehen. Seinen berechtigten Ärger wird er den Kundenberater spüren lassen. Versucht dieser, sich mit dem Fehler des Backoffice zu entschuldigen, dann ist damit weder dem Kunden, noch dem Unternehmen geholfen. Solche Schwächen bei der Problembewältigung, aber natürlich auch entsprechende Stärken werden im Gespräch offen analysiert, der Vorgesetzte schildert seine Eindrücke und belegt sie mit Beobachtungen, der Mitarbeiter hat Gelegenheit, seine Sicht der Dinge darzustellen.

Bei der Beurteilung müssen die Ursachen berücksichtigt werden, die der Mitarbeiter nicht zu verantworten hat

Hier zeigt sich eine weitere Stärke des Mitarbeitergesprächs: Der Vorgesetzte wird dadurch angehalten, sich möglichst intensiv mit der Arbeit der Mitarbeiter zu beschäftigen. Da im Kundenkontakt nicht nur die Ergebnisse zählen, sondern das Verhalten der Mitarbeiter entscheidend ist, muss sich der Vorgesetzte darüber ein möglichst klares Bild machen. Dadurch kann er seine Mitarbeiter am besten bei der Arbeit unterstützen.

Zur angemessenen Beurteilung muss sich der Vorgesetzte mit der Arbeit der Mitarbeiter auseinandersetzen

- *Ausblick: Zielvereinbarung*

Im dritten Schritt werden aus der Beurteilung Folgerungen für die weitere Zusammenarbeit und die Entwicklung des Mitarbeiters gezogen. Dem dient die Vereinbarung von neuen Zielen und von Maßnahmen zur Förderung des Mitarbeiters. Bei der Vereinbarung von Zielen müssen einige Punkte beachtet werden (Nerdinger, 1995).

Ziele müssen
– herausfordern,
– konkret und präzise formuliert sein,
– einen Zeitrahmen haben.

Ziele müssen herausfordern: Ziele müssen auf das individuelle Leistungsvermögen abgestimmt werden. Sofern der Mitarbeiter sein Leistungsvermögen noch nicht ausgeschöpft hat, sollten sie in einem realistischen Ausmaß über den bisher gezeigten Leistungen liegen.

Ziele sollten in einem realistischen Maß über den bislang gezeigten Leistungen liegen

Ziele müssen konkret und präzise sein: Die Aussage „Verhalten Sie sich kundenorientiert" ist kein Ziel – der Mitarbeiter weiß nicht, was er erreichen und *wie* er sich verhalten soll. Ziele müssen daher nach folgenden Gesichtspunkten präzisiert werden:

Ziele müssen
nach Quantität
und Qualität
präzisiert und
mit einem Zeit-
rahmen ver-
sehen sein

– *Quantität:* Dazu zählen alle Größen, die auf die Frage „Wie viel soll erreicht werden?" antworten. Gewöhnlich kann die Quantität des Ziels in
Zahlen ausgedrückt werden und ist deshalb besonders genau: Umsatzziele, Zahl der Kundenbesuche pro Woche, Steigerung des Abverkaufs
bestimmter Produkte – Ergebnisse der Arbeit lassen sich sehr präzise
festlegen. Bei der Arbeit mit Kunden liegt darin aber die Gefahr, dass
die Güte der Arbeit vernachlässigt wird.

– *Qualität:* Häufig wird auch die Qualität der Arbeit durch präzise Maße
festgelegt, z. B. die Zahl der Beschwerden von Kunden oder Storno-
quoten. Damit wird aber Qualität nicht direkt gemessen, sondern lediglich Indikatoren der Qualität erfasst. Die Stornoquote – z. B. im Verkauf
von Bausparverträgen die Zahl der von den Kunden rückgängig gemach-
ten Abschlüsse – ist ein Hinweis auf eine kundenorientierte Beratung.
Eine kundenorientierte Beratung hat aber weitere Folgen, die mit der
Stornoquote nicht erfasst werden: Die Kunden sind zufrieden, sie erzählen Positives über das Unternehmen, sie werden die Bausparkasse
weiter empfehlen. Diese und weitere positive Wirkungen kann die reine
Kennzahl nicht erfassen. Qualitative Ziele lassen sich niemals so präzise
wie quantitative Ziele formulieren. Darum muss sich der Vorgesetzte
bemühen, das Verständnis des Gemeinten sicher zu stellen. Dazu kann
er den Zustand beschreiben, der nach Erreichen des Zieles eintritt: „Bis
Ende des Jahres sind wir die Hauptbankverbindung ihrer fünf Firmen-
kunden". Eine andere Möglichkeit besteht darin, die einzelnen Schritte
zu verdeutlichen, die zum Ergebnis führen: „Eine ‚gute' Beziehung zum
Kunden zeigt sich darin, dass er seinen Berater nicht nur in allen finanziellen Fragen um Rat fragt, sondern ihm auch über Dinge berichtet, die
ihm privat am Herzen liegen". Häufig kann Qualität aber nur am Verhalten des Mitarbeiters festgemacht werden, z. B. seiner Freundlichkeit

Bei qualitativen
Zielen muss das
Verständnis des
Gemeinten
durch Rückmel-
dung gesichert
werden

oder Höflichkeit gegenüber den Kunden. In diesem Fall müssen Führungskräfte einem Mitarbeiter, der in ihrer Anwesenheit ein vereinbar-
tes kundenorientiertes Verhalten in angemessener oder unangemessener
Weise zeigt, möglichst sofort rückmelden. Dadurch versteht der Mitarbeiter am besten, welches Verhalten von ihm erwartet wird.

– *Zeit:* Kein Ziel ohne Zeitrahmen! Je klarer die Termine sind, desto besser.
Daher muss immer festgelegt werden, bis wann das Ziel zu erreichen ist.

Zielverein-
barungen sind
der Maßstab
der Beurteilung
und dienen der
Leistungs-
steigerung

Die Zielvereinbarung erfüllt im Mitarbeitergespräch zwei Funktionen: Zum
einen bildet sie den Maßstab, an dem die Leistung und das Verhalten des
Mitarbeiters in der nächsten Beurteilungsperiode gemessen wird. Zum anderen kann sie motivierend wirken. Beides erreichen Zielvereinbarungen
aber nur dann, wenn die Ziele
– angemessen formuliert wurden,
– sich die Mitarbeiter an die Ziele gebunden fühlen und
– regelmäßige Rückmeldung darüber erhalten, wie weit sie auf dem Weg
  zu ihrem Ziel gekommen sind.

Bei der Arbeit mit Kunden ist es besonders wichtig, dass Vorgesetzte im Laufe der Beurteilungsperiode immer wieder an exemplarischen Beobachtungen verdeutlichen, was sie vom Mitarbeiter erwarten. Das sichert auch die Motivation zu kundenorientiertem Verhalten.

- *Fördermaßnahmen*

Mit der Zielvereinbarung wird von den Mitarbeitern eine bestimmte Leistung gefordert, sie haben deshalb auch ein Anrecht auf die Frage, wie sie dabei unterstützt werden. Dies bildet den letzten Teil des Gesprächs, die Festlegung von Fördermaßnahmen. Hier lassen sich im wesentlichen zwei Arten unterscheiden: Förderung on-the-job bzw. off-the-job:

Förderung on-the-job betrifft die Frage, wie der Vorgesetzte den Mitarbeiter bei seiner Arbeit unterstützen soll, damit dieser seine Ziele optimal erfüllen kann. Gleichzeitig ist mit diesem Vorgehen auch die Qualifizierung des Mitarbeiters verbunden – durch die Unterstützung bei der Arbeit erlernt der Mitarbeiter neue Arbeitsweisen und kann sein Verhalten im Umgang mit den Kunden optimieren. Dadurch entwickelt er sich fachlich und menschlich weiter.

Förderung off-the-job thematisiert dagegen Maßnahmen der Weiterbildung, z. B. den Besuch geeigneter Seminare (siehe Kap. 4.4).

4.3.3 Vorbereitung und Durchführung

Wichtige Punkte der Vorbereitung und Durchführung von Mitarbeitergesprächen sind in der folgendenden Checkliste auf Seite 80 zusammengestellt (Nerdinger, 2001d).

Mitarbeitergespräche sind nicht ganz einfach zu führen, daher zwingen sie dazu, *vor* dem Gespräch noch einmal genau zu überlegen:
– Wie komme ich eigentlich zu meinem Urteil über den Mitarbeiter?
– Kann ich mein Urteil durch konkrete Beispiele belegen?
– Welche Gegenbeispiele wird wohl der Mitarbeiter ins Feld führen?

Wird das Gespräch so vorbereitet, kann manches, scheinbar ganz eindeutige Bild von einem Mitarbeiter ins Wanken geraten. Das Gespräch selbst stellt eine zweite Korrekturmöglichkeit dar: Der Beurteilte stellt seine Sicht der Dinge dar und wird sie ebenfalls mit konkreten Beispielen belegen. Über den Austausch von Argumenten entsteht letztlich ein zutreffenderes Bild vom Mitarbeiter.

Diese positiven Wirkungen werden allerdings nur dann eintreten, wenn das Mitarbeitergespräch angemessen geführt wird. Das Gespräch dient der gegenseitigen Information und sollte unter vier Augen geführt werden. Der größte Fehler, der dabei auftreten kann, ist die Neigung mancher Vorgesetzter,

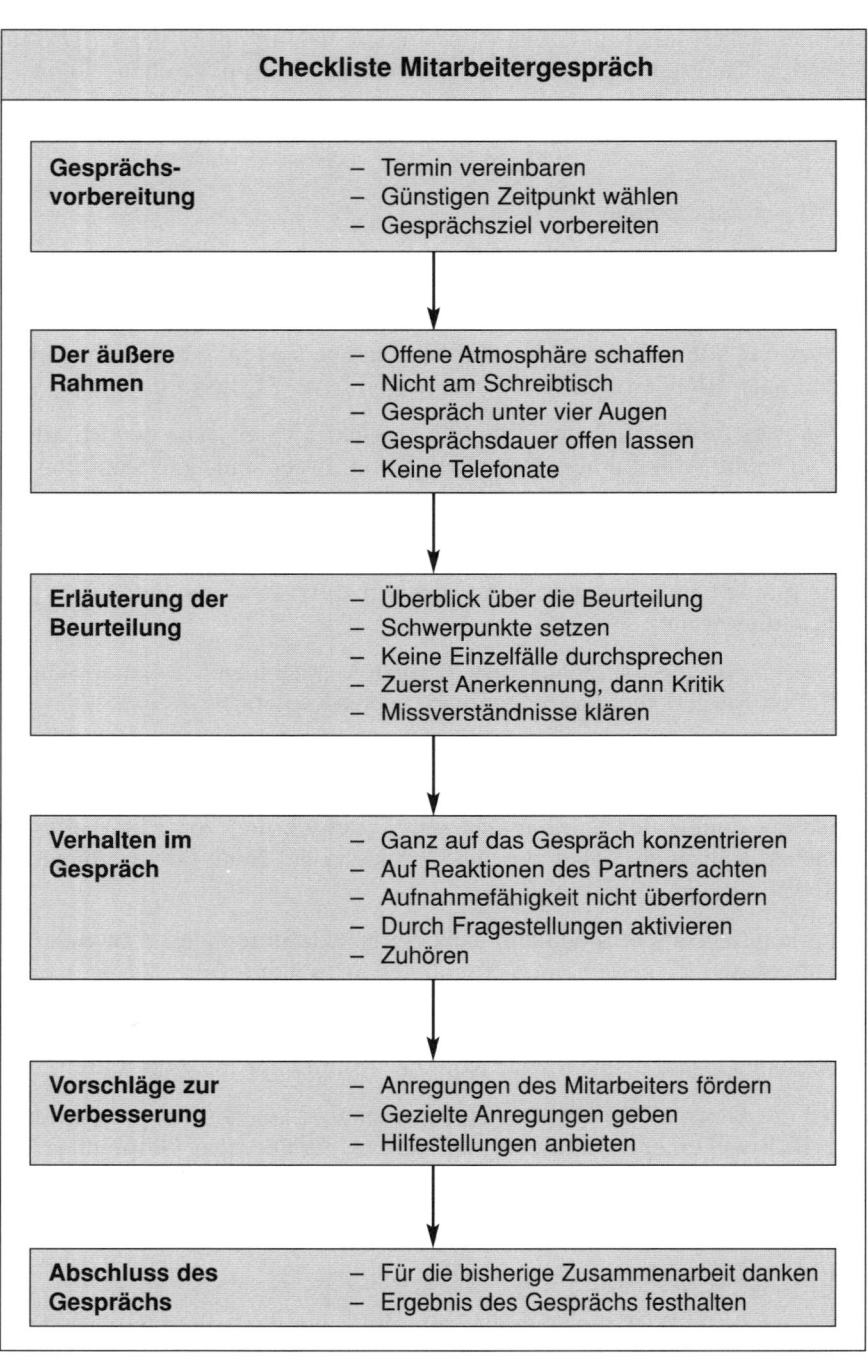

Checkliste Mitarbeitergespräch

Gesprächs-vorbereitung	– Termin vereinbaren – Günstigen Zeitpunkt wählen – Gesprächsziel vorbereiten
Der äußere Rahmen	– Offene Atmosphäre schaffen – Nicht am Schreibtisch – Gespräch unter vier Augen – Gesprächsdauer offen lassen – Keine Telefonate
Erläuterung der Beurteilung	– Überblick über die Beurteilung – Schwerpunkte setzen – Keine Einzelfälle durchsprechen – Zuerst Anerkennung, dann Kritik – Missverständnisse klären
Verhalten im Gespräch	– Ganz auf das Gespräch konzentrieren – Auf Reaktionen des Partners achten – Aufnahmefähigkeit nicht überfordern – Durch Fragestellungen aktivieren – Zuhören
Vorschläge zur Verbesserung	– Anregungen des Mitarbeiters fördern – Gezielte Anregungen geben – Hilfestellungen anbieten
Abschluss des Gesprächs	– Für die bisherige Zusammenarbeit danken – Ergebnis des Gesprächs festhalten

Abbildung 13:
Checkliste für ein Mitarbeitergespräch

zuviel zu reden. Das erleben die Mitarbeiter nicht als Be- sondern als Verurteilung, mit allen nachteiligen Folgen. Im Mitarbeitergespräch kommt es darauf an, die Sicht des Beurteilten kennen zu lernen. Das ist nur möglich, wenn dieser ausreichend Zeit hat, selbst zu sprechen!

Im Gespräch muss der Mitarbeiter genügend Zeit haben, seine Sicht darzustellen

> Das Mitarbeitergespräch muss ein Dialog sein.

Darüber hinaus ist zu beachten:

Merkpunkte zum Mitarbeitergespräch

- Das Beurteilungsverfahren sollten beide Gesprächspartner *gleich gut* kennen, günstig sind dafür z. B. Informationsveranstaltungen für Mitarbeiter und Vorgesetzte. Nur ein gleiches Verständnis des Verfahrens bietet die Voraussetzung für ein partnerschaftliches Gespräch.
- *Rechtzeitig* zum Gespräch einladen. Bei der Einladung sollte man dem Beurteilten die wichtigsten Inhalte mitteilen, damit er sich gezielt vorbereiten und den Aussagen des Beurteilers seine Sicht entgegen stellen kann.
- Auf der *Sachebene* des Gesprächs stehen die Stärken, Schwächen und die zu erhaltenden Verhaltensweisen des Beurteilten im Zentrum. Auf der *Beziehungsebene* sollte man signalisieren, dass das Gespräch der individuellen Förderung dient. Entscheidendes Ziel der Förderung ist es, die Kunden optimal zu bedienen.
- Zum Einstieg in das Gespräch ist es günstig, wenn der Vorgesetzte ein *Gesamtbild* des Beurteilten entwirft und in zusammenhängender Weise seine Stärken und Schwächen verdeutlicht.
- Der Vorgesetzte muss klar machen, dass er sich um ein *faires und gerechtes* Bild des Beurteilten bemüht hat und seine Sichtweise auch durch konkrete Beispiele belegen kann. Das heißt nicht, seine Sicht wäre die allein gültige!
- Wenn durch den Austausch der Sichtweisen und Argumente Übereinstimmung über die Stärken und Schwächen erzielt wurde, ist zum Abschluss der *Blick nach vorn* auf die weitere Zusammenarbeit zu richten: Wie können die Stärken des Mitarbeiters ausgebaut bzw. erhalten werden? In welchen Merkmalen entspricht die Leistung und das Verhalten des Beurteilten noch nicht den Vorstellungen von Kundenorientierung? Wie lassen sich diese Schwächen beseitigen?
- Die Maßnahmen zur Erhaltung der Stärken und zur Beseitigung der Schwächen werden gemeinsam entwickelt, dadurch kann die persönliche Entwicklung des Beurteilten mit den Sachzielen der Aufgabe abgestimmt werden. Der Vorgesetzte muss klar machen, wie er den Mitarbeiter bei den Maßnahmen *unterstützen* wird.

Das Mitarbeitergespräch wird damit zum Dreh- und Angelpunkt bei der Entwicklung von Kundenorientierung: Damit wird die Qualität der Auswahl überprüft, Erwartungen an kundenorientiertes Verhalten werden in Form von Zielvereinbarungen vermittelt und über die Schwächenanalyse wird der Trainingsbedarf festgelegt.

Das Mitarbeitergespräch ist eine Schaltstelle bei der Entwicklung von Kundenorientierung

4.4 Training

Wenn es um die Entwicklung kundenorientierten Verhaltens geht, denken wohl die meisten Manager zuerst an Trainingsmaßnahmen. Das hängt nicht zuletzt mit der Vielfalt an Trainings zusammen, die am freien Markt – in großen Unternehmen auch von der Personalabteilung – angeboten werden. Dabei wird nicht selten der Eindruck erweckt, als könnte so ein Training in wenigen Tagen Kundenorientierung „produzieren". Das ist nicht richtig. Training kann nur in Verbindung mit einer effektiven Rekrutierung, einer sorgfältigen Auswahl und der täglichen Führungsarbeit – vor allem der regelmäßigen Rückmeldung und Beurteilung der Leistung und des Verhaltens – seine Wirkung entfalten. *Gezielte Maßnahmen* zur Verbesserung von Schwächen, die in der Beurteilung festgestellt wurden, führen zum Erfolg. Trainings sollten daher nicht „von der Stange gekauft", sondern für den Bedarf des Unternehmens und der Mitarbeiter entwickelt werden.

Trainings
müssen für den
Bedarf des
Unternehmens
entwickelt
werden

Außerdem ist zu beachten: Training findet nicht nur in den offiziellen Weiterbildungsveranstaltungen statt. Versteht man unter Training das *Lernen neuer Fähigkeiten und Fertigkeiten*, lassen sich zwei Formen unterscheiden: Informelles und formelles Training.

4.4.1 Informelles Training

Das informelle Training beginnt mit dem Eintritt in das Unternehmen, mit den ersten Kontakten zu den Kolleginnen und Kollegen. Dabei wird vor allem gelernt, welche Normen und Regeln das Verhalten im Unternehmen bestimmen, was im Unternehmen wichtig und was unwichtig ist. Informelles Training vermittelt also die Kultur des Unternehmens. Wie bereits gezeigt, wird kundenorientiertes Verhalten in hohem Maße davon beeinflusst, wie die Mitarbeiter das Unternehmen wahrnehmen – und wie das Unternehmen wahrgenommen wird, darüber bestimmt in erster Linie das informelle Training. Entscheidend ist Folgendes:

Durch
informelles
Training wird
die Kultur
des Unterneh-
mens gelernt

> Für die Wahrnehmung der Organisation zählt nicht, was das Unternehmen offiziell verkündet, sondern was in den täglichen informellen Kontakten mit Kolleginnen und Kollegen über das Unternehmen gelernt wird.

Aber nicht nur die Kultur des Unternehmens wird auf informellem Wege gelernt, auch die Art der Aufgabenerfüllung wird dadurch beeinflusst (Rafaeli & Sutton, 1989). Beobachtet ein neuer Mitarbeiter, dass seine Kollegen die Wünsche und Bedürfnisse der Kunden lediglich als nachrangig betrachten und vor allem bemüht sind, keine nachweisbaren Fehler zu begehen, dann wird ihm schnell klar, was wirklich in der Tätigkeit zählt. Selbst wenn der Mitarbeiter von der Grundhaltung her kundenorientiert ist, wird es ihm in einem solchen Klima schwer fallen, sein Verhalten an den Bedürf-

Was in der
Aufgaben-
erfüllung zählt,
wird durch
Beobachtung
des Verhaltens
von Kollegen
gelernt

82

nissen der Kunden auszurichten. Das kann auch nicht durch formelles Training erreicht werden, besonders dann nicht, wenn die Mitarbeiter mit einer nicht-kundenorientierten Haltung vom Unternehmen belohnt werden.

> Die in formellen Trainings vermittelten Lerninhalte werden nur dann in die Praxis übertragen, wenn sie dem Verhalten entsprechen, das die im Unternehmen erfolgreichen Kollegen gegenüber den Kunden praktizieren.

Sehr deutlich wird dies in Verkaufsorganisationen, in denen häufig die erfolgreichsten Verkäufer öffentlich ausgezeichnet und damit zu Vorbildern gemacht werden (Nerdinger, 2001a). Sehen die anderen Verkäufer, dass dieser Kollege nicht kundenorientiert handelt, sondern z. B. mit allen Mitteln seine Umsätze maximiert, so werden auch sie sich kaum kundenorientiert verhalten.

Durch öffentliche Auszeichnung erfolgreicher Mitarbeiter wird deren Verhalten zum Vorbild erklärt

Daran zeigt sich, wie das Management auf das informelle Training Einfluss nehmen kann: Zum einen müssen diejenigen Mitarbeiter, die erwünschtes – kundenorientiertes – Verhalten zeigen, belohnt werden. Zum anderen sollte man Neulinge von solchen erfahrenen Kollegen einarbeiten lassen, von denen man weiß, dass sie die Mission des Unternehmens glaubwürdig vorleben und mit diesem Verhalten auch Erfolg im Unternehmen haben (vgl. Rehn, 1993). Besucht der Neuling im Rahmen eines solchen Patensystems z. B. einen Kunden zusammen mit einem erfahrenen Kollegen, wird er sehr genau dessen Verhalten im Umgang mit dem Kunden beobachten. Das sagt ihm mehr als tausend Worte darüber, was im Unternehmen wichtig ist und welchen Stellenwert der Kunde und seine Bedürfnisse haben. In der Folge wird er sich an diesem Vorbild orientieren und versuchen, ein ähnliches Verhalten zu zeigen.

Erfahrene Mitarbeiter, die für ihr kundenorientiertes Verhalten bekannt sind, sollter Paten für die Einarbeitung sein

Auf diesem Wege können informelles und formelles Training verbunden werden. Will ein Unternehmen seine Kundenorientierung verbessern, so ist es sinnvoll, ausgewählte Mitarbeiter und Mitarbeiterinnen als *Kundenorientierungs-Führer* zu trainieren. Besonders geeignet sind dafür Mitarbeiter, die sich mit dem Unternehmen und der Aufgabe identifizieren, sogenannte „good citizens" (Hui, Lam & Schaubroeck, 2001). Diese können am glaubhaftesten im Kontakt mit den Kunden vorleben, was das Unternehmen anstrebt. Wie Untersuchungen im Finanzdienstleistungsbereich zeigen, führt diese Strategie zu einer besseren Bewertung der Servicequalität von Seiten der Kunden (Hui, Lam & Schaubroeck, 2001).

Geeignete Mitarbeiter sollten zu Kundenorientierungs-Führern entwickelt werden

4.4.2 Formelles Training

Formelles Training bezeichnet die klassischen Methoden der Weiterbildung, die in den Betrieben in vielfältiger Weise betrieben wird (vgl. dazu Sonntag & Schaper, 2001; Sonntag & Stegmaier, 2001). Entscheidende Grundlage

Durch Rollen-
spiele und
Videofeedback
kann kunden-
orientiertes Ver-
halten trainiert
werden

für kundenorientiertes Verhalten bildet dabei ein intensives Training der fachlichen Kompetenz – nur fachlich kompetente Mitarbeiter können die Bedürfnisse der Kunden erfüllen! Darüber hinaus sind aber auch die sozialen Fähigkeiten im Umgang mit den Kunden trainierbar. Dabei wird gewöhnlich vor allem die verbale und nonverbale Kommunikation im Rollenspiel geübt. Durch Aufzeichnung des Spiels auf Video können anschließend die einzelnen Sequenzen in der Trainingsgruppe genau analysiert werden. Die Teilnehmer erhalten dadurch intensive Rückmeldung über ihr Verhalten, die hilfreich für die Bewältigung der Tätigkeit ist. Ein Beispiel für ein solches Rollenspiel zeigt die folgende Darstellung.

Rollenspiel zum Einkaufsgespräch

Einkäufer Herr/Frau Schroeder

Sie sind Einkäufer bei der Firma Mediaplus. Für die Eröffnung Ihres neuen Marktes in Wuppertal (Eröffnung 10. 11. 2001) haben Sie bei der Firma Sony 40 Farbfernseher mit einem Bildschirmdurchmesser von 37 cm als Eröffnungsaktion bei Herrn/Frau Horsmann bestellt.

Heute morgen, am 6. 11. 01, ruft Sie der Geschäftsführer von Wuppertal aufgeregt an und beschwert sich, dass die Fernseher noch nicht da sind.

Telefonnotiz   vom _29. 10. 2001_

Bestellung bei Sony, Herr Horsmann

Eröffnungsaktion für ROSTOCK: 40 x TV Portable COL 37 à € 207,86

Eröffnungstermin 10. 11. 01 wurde genannt, Herr Horsmann sorgt dafür, dass Aktion ca. 5 Tage vorher eintrifft.

Sorgen Sie dafür, dass die Eröffnungsaktion, die auch in der Eröffnungsanzeige enthalten ist, bis spätestens 10. 11. 01, 7.00 Uhr im Mediaplus-Markt in Wuppertal durchgeführt wird. Bei Ihrem ersten Anruf bei Sony erfahren Sie, dass Herr/Frau Horsmann gerade in einem Kundengespräch ist. Es wird Ihnen jedoch zugesagt, dass er Sie anschließend sofort zurückruft.

Verkäufer Herr/Frau Horsmann

Sie sind Verkäufer für Großkunden bei Sony Deutschland. Heute ist der 6. 11. 2001. Sie kommen gerade aus einem Kundengespräch an Ihren Arbeitsplatz zurück. Dort liegt eine Notiz mit der Bitte, umgehend Herrn/Frau Schroeder, Einkäufer der Firma Mediaplus, wegen einer „eiligen Sache" zurück zu rufen.

84

Sie bereiten das Gespräch vor, indem Sie die letzte Telefonnotiz aus der Ablage holen:

Telefonnotiz   vom _29.10.2001_

Anruf Herr Schroeder, Mediaplus

Eröffnung neuer Markt: Mediaplus
                        Zöllerstr. 35
                        42097 Wuppertal

Aktion: COL 37 à € 207,86, 40 Stück

Liefertermin: 13.11.2001 fix (Eröffnung am 19.11.01!)

Bei der Auswertung solcher Rollenspiele wird sowohl die verbale als auch die nonverbale Kommunikation unter dem Aspekt analysiert, wie der Kunde das Verhalten des Mitarbeiters erlebt. Dabei lassen sich auch solche Servicestandards vermitteln, die ein Unternehmen für den Kontakt mit den Kunden für angemessen erachtet. Darüber hinaus sollten aber auch die Gefühle des Mitarbeiters in verschiedenen, vor allem kritischen Situationen mit Kunden reflektiert werden. Die Mitarbeiter müssen darauf vorbereitet werden, dass sie in solchen Situationen ernste emotionale Konflikte erleben können. Daher sollten Möglichkeiten für den effektiven Umgang mit den eigenen Gefühlen trainiert werden. Das ist vor allem bei den Trainings wichtig, die auf die berufliche Tätigkeit vorbereiten: Erleben die neuen Mitarbeiter, dass ihr Befinden vom Unternehmen berücksichtigt wird und sie einen ungeschönten Eindruck von der Schwierigkeit der künftigen Aufgabe erhalten, können sie im Beruf auftretende Probleme leichter erkennen und besser damit umgehen. Damit wird auch die hohe Fluktuation verringert, die vor allem im Verkaufsbereich besteht (Nerdinger, 2001a).

Bei der Auswertung von Rollenspielen muss die Situation im Kundenkontakt in allen Aspekten reflektiert werden

Auf diese Weise kann man das „Handwerkszeug" kundenorientierten Verhaltens gut vermitteln. Wie das im Detail gemacht wird, darüber lassen sich aber keine allgemeingültigen Aussagen treffen:

> Es gibt nicht *das* Training kundenorientierten Verhaltens, jedes Training muss auf den Bedarf des Unternehmens und seiner Mitarbeiter abgestimmt werden!

Jedes Unternehmen muss für seinen Markt, seine Kunden, passend zu seiner strategischen Zielsetzung und den Anforderungen der Tätigkeit seiner Mitarbeiter entsprechende Trainings konzipieren (vgl. Schneider & Bowen, 1995). Vor allem der letzte Punkt ist wesentlich: Das im Training gelernte Verhalten muss in der alltäglichen Arbeit anwendbar sein und zum Erfolg

Trainings müssen für die speziellen Anforderungen der Tätigkeiten entwickelt werden

führen, sonst wird es nicht beibehalten. Beruht ein Training nicht auf den vorher ermittelten konkreten Anforderungen einer Tätigkeit, ist das dafür ausgegebene Geld schlecht investiert.

Trainings müssen auf den Bedarf der verschiedenen Mitarbeiter abgestimmt sein

Darüber hinaus muss das Training auch auf den Bedarf abgestimmt sein. Werden z. B. alle Mitarbeiter mit Kundenkontakt zu einem Verkaufstraining verpflichtet in der Hoffnung, dass dadurch die Umsätze steigen, kann das mehr negative als positive Folgen haben: Die erfahrenen und erfolgreichen Mitarbeiter können in solch einem Training nichts mehr lernen und werden darüber hinaus demotiviert, da sie die Entsendung zum Training als Ausdruck der Geringschätzung ihrer Fähigkeiten betrachten. Dadurch wird aber auch die Stimmung im Training so gedrückt, dass diejenigen, denen Neues geboten wird, nicht bereit zum Lernen sind.

Trainings müssen mit der Philosophie des Unternehmens verbunden sein

Trainings sollten in einem ganzheitlichen Ansatz in die Philosophie des Unternehmens eingebunden sein. Dazu gehört auch, dass Mitarbeiter aus dem Backoffice und vor allem die Manager des Unternehmens die grundlegenden Trainings besuchen, in denen die Anforderungen an die Mitarbeiter mit Kundenkontakt und Erwartungen an kundenorientiertes Verhalten vermittelt werden. Ein solcher Ansatz wird z. B. bei der Firma „Walt Disney" praktiziert (vgl. Nerdinger, 1998).

Training bei Disney Enterprise

1. Bereits bei der Bewerbung werden die künftigen Mitarbeiter sehr realistisch über das Unternehmen und ihre Rolle im Kontakt mit den Kunden informiert.
2. Am ersten Tag meldet sich jeder neue Mitarbeiter in der „Disney University" zu einer ganztägigen Einführungsveranstaltung. Mit Hilfe modernster audiovisueller Techniken erhalten die Mitarbeiter eine Einführung in die Philosophie und die betrieblichen Abläufe des Unternehmens. Sie erfahren, dass sich Disney als Unternehmen der Unterhaltungsbranche versteht. Sie selbst sind Mitglieder der „Schauspieltruppe" und haben die Aufgabe, sich mit Begeisterung und professionellem Fachwissen um die Gäste zu kümmern. Der neue Mitarbeiter erfährt, welche Rolle er in diesem „Schauspiel" übernimmt. Anschließend findet eine Tour durch den Vergnügungspark statt, bei der alle Operationen von der Zubereitung der Speisen bis zur Methodik der Säuberung des Parks kennen gelernt werden. Dabei werden informelle Kontakte mit den Mitarbeitern hergestellt.
3. Am nächsten Tag werden Neulinge in ihren Arbeitsbereich eingewiesen. Es folgt eine mehrtägige Schulung, in der sie detailliert auf ihre Aufgabe vorbereitet werden. Unter anderem lernen sie, sich als Gastgeber zu verstehen und Fragen zu beantworten, die von den Gästen regelmäßig gestellt werden. Für den Fall, dass sie eine Frage nicht be-

antworten können, müssen sie nur eine Telefonnummer der Zentrale wählen. Die dort arbeitenden Mitarbeiter können ihnen dann Auskunft geben.
4. Nach dreißig Tagen findet ein „follow up" statt. Dabei werden Probleme, die in den ersten Tagen aufgetreten sind, gemeinsam bearbeitet und kundenorientierte Lösungen entwickelt. Dadurch soll sicher gestellt werden, dass das im Training Gelernte in der alltäglichen Arbeit verstärkt wird.
5. Für eine Woche im Jahr durchläuft jeder Disney-Manager eine Einsatz- und Erfahrungserweiterung, indem er seine Arbeit gegen eine Tätigkeit mit Kundenkontakt eintauscht: Die Manager reißen Eintrittskarten ab, verkaufen Popcorn oder helfen bei den Karussellen mit. Auf diese Weise lernen die Manager die praktischen Arbeitsabläufe kennen und verstehen die Kundenwünsche besser. Außerdem entwickeln sie großes Verständnis für die Aufgabe ihrer Mitarbeiter.

Disney bildet *ein* Beispiel, wie in einem ganzheitlichen Ansatz Training in die Arbeitsabläufe integriert ist. Jedes Unternehmen sollte dafür ein Konzept entwickeln, das seinem Markt und seinem Bedarf entspricht. Bei komplexeren Tätigkeiten sind bedarfsgerechte Trainingsbausteine zu entwickeln, mit denen bestehende Schwächen der Mitarbeiter bei der Arbeit mit Kunden bearbeitet werden.

4.5   Belohnungssysteme

Wenn geeignete Mitarbeiter ausgewählt, regelmäßig hinsichtlich ihrer Kundenorientierung beurteilt und Schwächen durch gezieltes Training bearbeitet werden, zeigen die Mitarbeiter kundenorientiertes Verhalten. Sie werden dies aber nur dann beibehalten, wenn sie dafür auch belohnt werden. Manager denken dabei gewöhnlich zunächst an das Gehalt, das ist aber keine sehr effektive Art der Belohnung.

Kundenorientiertes Verhalten muss belohnt werden

4.5.1 Bedingungen effektiver Belohnung

Belohnungen müssen sieben Merkmale erfüllen, damit sie wirkungsvoll sind (Kerr, 1975; Schneider & Bowen, 1995). Belohnungen müssen:
– verfügbar
– flexibel
– umkehrbar
– kontingent
– sichtbar
– rechtzeitig einsetzbar und
– dauerhaft sein.

Belohnungen sind nur unter bestimmten Bedingungen wirksam

Das Gehalt und damit verbundene finanzielle Bestandteile werden diesen Merkmalen gewöhnlich nicht gerecht.

1. *Belohnungen müssen verfügbar sein:* Man kann eine Belohnung nur geben, wenn man selber darüber verfügt. Finanzmittel sind aber knapp und die wenigsten Führungskräfte können frei darüber verfügen.

2. *Belohnungen müssen flexibel sein:* Eine Führungskraft sollte die Belohnung geben können, wenn es ihr richtig erscheint; der Person, die sie nach ihrer Meinung verdient; und in einer Weise, die ihr angemessen erscheint. Das ist bei den meisten finanziellen Belohnungssystemen nicht möglich. Gewöhnlich schreibt das Unternehmen genau vor, wie Führungskräfte mit dem Geld umgehen müssen.

3. *Belohnungen müssen sich rückgängig machen lassen:* Da bekanntlich kein Mensch unfehlbar ist, können auch Belohnungen auf einer falschen Einschätzung beruhen. Oder aber ein Mitarbeiter hat eine Belohnung für die vergangene Periode verdient und erweist sich – aus welchen Gründen auch immer – in der folgenden Periode ihrer nicht mehr würdig. Bekommt ein Mitarbeiter für sein kundenorientiertes Verhalten aufgrund einer Fehleinschätzung eine Gehaltserhöhung, so kann man diese später kaum wieder rückgängig machen. Im Gegenteil kumuliert sich die Belohnung im Laufe der Jahre, sodass er zunehmend mehr von etwas profitiert, was ihm eigentlich nicht zusteht.

4. *Belohnungen müssen kontingent sein:* Das bedeutet, Belohnungen müssen mit dem verbunden sein, was man sich künftig in besonderer Weise wünscht – im vorliegenden Fall müssen sie also mit kundenorientiertem Verhalten verbunden werden. Soll z. B. ein Verkäufer möglichst hohe Umsätze machen, dann ist eine Bezahlung durch ein Provisionssystem geeignet. Damit wird genau das belohnt, was man sich erwartet. Soll er dagegen die Kunden möglichst gut beraten, dann wird das erwünschte Verhalten durch diese Form der Bezahlung nicht belohnt – der Verkäufer wird sich daher auch nicht kundenorientiert verhalten. Allerdings kann nicht in allen Tätigkeiten kontingent belohnt werden: In den meisten Tätigkeiten mit Kundenkontakt richtet sich das Gehalt mehr nach der Dauer der Betriebszugehörigkeit und der erreichten Position als der Leistung bzw. dem kundenorientierten Verhalten.

5. *Belohnungen müssen sichtbar sein:* Nur wenn der Wert einer Belohnung eindeutig ist und von den Belohnten auch erkannt wird, hat sie eine Wirkung auf das Verhalten. Das ist beim Gehalt eher die Ausnahme. Zum einen werden Gehaltsfragen in den meisten Unternehmen wie eine Geheimsache behandelt, zum anderen durchschauen viele Mitarbeiter die häufig sehr komplexe Zusammensetzung der Gehaltsbestandteile nur sehr schwer.

6. *Belohnungen müssen rechtzeitig gegeben werden:* Soll durch eine Belohnung erreicht werden, dass ein Verhalten künftig wieder gezeigt wird, muss man sie möglichst unmittelbar nach dem Verhalten geben. Nur in

diesem Fall ist der Zusammenhang zwischen Verhalten und Belohnung eindeutig. Wird dagegen am Ende des Jahres ein Bonus ausgeschüttet, verbinden ihn die Mitarbeiter nicht mit einem bestimmten kundenorientierten Verhalten. Mitarbeiter verbuchen daher einen solchen Bonus eher als ihren Anteil am Unternehmenserfolg.

7. *Belohnungen müssen dauerhaft wirken:* Nur eine Belohnung, die möglichst lange wirkt, ist effektiv. Auch diese Bedingung kann das Gehalt nicht erfüllen. Angenommen, ein Mitarbeiter erhält eine Gehaltserhöhung, weil er sich kundenorientiert verhalten hat. Mal davon abgesehen, dass ihm aufgrund von Steuern und Sozialabgaben relativ wenig davon bleibt, wird das neue Gehalt schnell zur Selbstverständlichkeit – es ist eben das, was man verdient. Ein bestimmtes, z. B. besonders kundenorientiertes Verhalten wird damit nicht entgolten.

Das Gehalt ist aus all diesen Gründen keine wirksame Form der Belohnung. Das heißt natürlich nicht, dass es nicht wichtig wäre, ganz im Gegenteil: Das Gehalt verhindert Demotivation! Ein angemessenes Gehalt bildet damit überhaupt erst die Grundlage, auf der sich Leistung entfalten kann. Damit die Leistung aber in die erwünschte Richtung geht, müssen andere Belohnungen eingesetzt werden. Dazu zählt die ausdrückliche Anerkennung der Leistung durch den Vorgesetzten. Ein Vergleich mit den sieben Bedingungen zeigt, dass Lob und Anerkennung eine wirksame Form der Belohnung darstellen. Die wichtigste Form der Belohnung ist aber die Tätigkeit selbst.

Gehalt verhindert Demotivation; zur Steuerung des Verhaltens müssen aber andere Belohnungen eingesetzt werden

4.5.2 Die Tätigkeit belohnend gestalten

Ist die Aufgabe so gestaltet, dass sich der Mitarbeiter darin entfalten und seine Vorstellung von kundenorientiertem Verhalten umsetzen kann, wird sie ihm auch Freude machen. Das spürt der Kunde, mit dem er in Kontakt kommt. Der Kunde wird daher eher die Leistung des Mitarbeiters anerkennen, was eine sehr wichtige Form der Belohnung darstellt. Daher sollten die Aufgaben „richtig", das heißt intrinsisch motivierend gestaltet werden (Nerdinger, 1995; s. Kap. 3.3.1).

Die Aufgaben müssen intrinsisch motivierend gestaltet werden

Tätigkeiten mit Kunden motivierend gestalten
– Die Anforderungsvielfalt erhöhen – Ganzheitliche Aufgaben gestalten – Sinn und Bedeutung der Aufgabe vermitteln – Handlungs- und Entscheidungsspielräume gewähren – Handlungsergebnisse rückmelden oder Rückmeldung in die Arbeit einbauen

- *Anforderungsvielfalt*

Die Tätigkeit sollte möglichst viele verschiedene Fähigkeiten fordern

Die Aufgaben sollten nicht nur eine oder wenige Fähigkeiten des Mitarbeiters beanspruchen, sondern Abwechslung bieten. Monotone Aufgaben sind demotivierend und beinträchtigen auch das körperliche und psychische Wohlbefinden. Wer längere Zeit monotone Arbeiten macht, der verliert seine geistige Beweglichkeit. Solche Folgen zeigen sich vor allem bei Dienstleistungen, die wie in der industriellen Produktion standardisiert wurden – typische Beispiele dafür bieten Fast-Food Restaurants.

- *Ganzheitlichkeit der Aufgabe*

Aufgaben sollten ganzheitlich gestaltet werden, damit sie Sinn vermitteln

Der Sinn einer Aufgabe und ihre Bedeutung erschließt sich nur, wenn sie „als Ganzes" erledigt wird. Erfüllt ein Mitarbeiter nur Teilaufgaben, kann er den Wert seiner Leistung nicht oder nur sehr schwer einschätzen. Wenn beispielsweise ein Mitarbeiter in einer Versicherung nur den Kontakt zu den Kunden hält, wogegen alle inhaltlichen Fragen von anderen Kollegen erledigt werden, wird er auf Dauer das Interesse an seiner Tätigkeit verlieren und diese immer mechanischer abwickeln – zum Schaden der Beziehung zu den Kunden.

- *Bedeutsamkeit der Aufgabe*

Der Mitarbeiter muss erkennen, dass er mit seiner Arbeit wichtige Werte erfüllt

Wer arbeitet, möchte das Gefühl haben, das er damit einen Beitrag zu wichtigen gesellschaftlichen Werten leistet. Wenn aber ein Mitarbeiter nicht weiß, welche Bedeutung seine Arbeit innerhalb eines übergeordneten Ganzen hat – für die Kollegen, das Unternehmen und vor allem für die Kunden –, wird er sich innerlich von seiner Arbeit immer mehr distanzieren.

Vor allem die Bedeutung der Arbeit für den Kunden muss immer wieder vermittelt werden

Diese drei Merkmale der Arbeit – Anforderungsvielfalt, Ganzheitlichkeit und Bedeutsamkeit – tragen zusammen dazu bei, dass eine Aufgabe als wichtig erlebt wird. Die Merkmale können sich wechselseitig kompensieren: Vor allem eine hohe Bedeutsamkeit kann geringe Anforderungsvielfalt und mangelnde Ganzheitlichkeit ersetzen. Daher ist es eine der wichtigsten Aufgaben der Führung, den Mitarbeitern mit Kundenkontakt immer wieder die Bedeutung ihrer Aufgaben für den Kunden und das Unternehmen zu verdeutlichen.

Tätigkeit mit Kundenkontakt wird in Deutschland häufig abgewertet

Das ist besonders wichtig, da gerade in Deutschland eine Tendenz besteht, Tätigkeiten im Kontakt mit Kunden abzuwerten. Dahinter steht die weit verbreitete Behauptung, Deutschland sei eine Servicewüste, weil die Deutschen angeblich nicht dienen wollen (vgl. dazu Nerdinger, 1999). Kunden zu bedienen wird in dieser Behauptung also gleichgesetzt mit „dienen", ein Begriff, der minderwertige Tätigkeiten bezeichnet. Dem entspricht das genauso schiefe Bild vom „König Kunde", dem die Mitarbeiter angeblich dienen müssen. Mitarbeiter sind aber keine „Diener" des Kunden, der wie-

90

derum kein „König" ist. Treffend ist dagegen das Verhältnis im Leitsatz der Hotel-Kette „Ritz-Carlton" ausgedrückt:

„We are Ladies and Gentlemen, serving Ladies and Gentlemen".

Zwischen Kunde und Mitarbeiter sollte ein Verhältnis bestehen, das Gast und Gastgeber pflegen: Das höchste Ziel des Gastgebers ist es, seinen Gästen jeden Wunsch von den Lippen abzulesen und sie zufrieden zu stellen. Dabei käme kein Gast auf die Idee, seinen Gastgeber als Diener zu betrachten oder gar auf ihn herab zu sehen. Ganz im Gegenteil fühlt man sich ihm nicht zuletzt wegen der Mühe, die er sich um das Wohlergehen seiner Gäste macht, zutiefst verbunden.

Die Beziehung zwischen Gast und Gastgeber ist das ideale Vorbild für die Beziehung zwischen Kunde und Mitarbeiter

Statt die Tätigkeit im Kundenkontakt durch die weit verbreitete, negative Begriffswahl indirekt abzuwerten, sollten sich Vorgesetzte vielmehr fragen: Welchen Nutzen bieten die von uns angebotenen Leistungen dem Kunden? Dabei wird sich zeigen, dass gute Dienstleistungen dazu beitragen, die Qualität des Lebens der Kunden zu verbessern.

Gute Dienstleistungen schaffen dem Kunden einen Nutzen

Den Mitarbeitern mit Kundenkontakt muss der Nutzen ihrer Leistung für den Kunden verdeutlicht werden, denn darin liegt die Bedeutsamkeit ihrer Arbeit!

• *Autonomie*

Mitarbeiter sollen innerhalb ihrer Aufgabenstellung selbst planen, entscheiden und Ergebnisse kontrollieren können. Wer selbstständig plant und entscheidet, dem wird auch die Verantwortung seiner Tätigkeit bewusst. Persönliche Verantwortung motiviert aber zu besserer Qualität der Arbeit. Das ist es, was mit dem Begriff „Empowerment" umschrieben wird (Bowen & Lawler, 1998). Die Erhöhung der Autonomie durch Empowerment verbessert die intrinsische Motivation kundenorientierter Mitarbeiter und führt zu folgenden positiven Effekten:
– engere Kundenbindung;
– schnellere Reaktion auf Bedürfnisse der Bedienten;
– schnellere Bearbeitung von Service-Problemen, die bei Bedienten zu Unzufriedenheit führen;
– gute Ideen für die Verbesserung der Dienstleistungen.

Hohe Autonomie verdeutlicht den Mitarbeitern ihre Verantwortung

Allerdings ist Empowerment nicht bei allen Tätigkeiten angemessen (vgl. Bowen & Lawler, 1998): Die Mitarbeiter sollten vor allem möglichst große Autonomie haben, wenn die Geschäftsumwelt unvorhersehbar ist und mit vielen Überraschungen zu rechnen ist, wenn komplexe Technologien eingesetzt werden und wenn die Tätigkeit langfristige Beziehungen zu Kunden erfordert.

Empowerment ist nicht immer wichtig

- *Rückmeldung*

Besonders wichtig sind Rückmeldungen von den Kunden – sie verdeutlichen den Mitarbeitern, welches Verhalten von den Kunden geschätzt, welches abgelehnt wird. Extrem motivierend wirkt es natürlich, wenn Kunden die Leistungen des Mitarbeiters direkt anerkennen. Aber auch die Vorgesetzten sind hier in der Pflicht: Sie müssen Leistungen loben und anerkennen, problematisches Verhalten dagegen sachlich ansprechen und Verbesserungsmöglichkeiten aufzeigen. Die wichtigsten Regeln motivierender Rückmeldung, die Vorgesetzte beachten müssen, sind im Folgenden zusammengestellt.

Positive Rückmeldungen erhöhen die Motivation

Motivierende Rückmeldungen
– *Spezifisch* rückmelden: nicht allgemein im Sinne einer pauschalen Bewertung der Gesamtleistung, sondern auf konkrete Vorfälle bezogen
– *Verhaltensbezogen* rückmelden: keine Aussagen über die Persönlichkeit des Mitarbeiters
– *Konstruktiv* rückmelden: es müssen Wege aufgezeigt werden, wie der Mitarbeiter die Leistung verbessern kann. Rückmeldungen müssen Mitarbeitern verdeutlichen, dass sie schwache Leistungen verbessern können, wenn sie sich mehr anstrengen.

Werden Mitarbeiter mit Kundenkontakt durch die Gestaltung der Aufgabe motiviert, sind sie mit der Tätigkeit zufrieden. Die Forschung hat immer wieder folgenden Zusammenhang bestätigt (Nerdinger, 1994; Schneider & Bowen, 1995):

Sind die Mitarbeiter im Kundenkontakt mit ihrer Tätigkeit zufrieden, sind die Kunden mit dem Service und dem Unternehmen zufrieden.

Kundenorientierte Mitarbeiter wollen guten Service bieten und die Bedürfnisse ihrer Kunden befriedigen. Ist ihre Aufgabe so gestaltet, dass sie ihre Vorstellungen von einem gutem Service realisieren können und werden sie dabei von ihren Vorgesetzten unterstützt, so sind sie auch mit ihrer Arbeit zufrieden. Das wiederum erleben die Kunden: In den Augenblicken der Wahrheit begegnen sie zufriedenen Mitarbeitern, die ihre Arbeit engagiert ausführen. Damit sind die Kunden zufrieden, und das ist für die Mitarbeiter Bestätigung und Anerkennung, die sie für kundenorientiertes Verhalten belohnt!

5 Weiterführende Literatur

Meffert, H. & Bruhn, M. (Hrsg.). (2001). *Handbuch Dienstleistungsmanagement*. 2. Aufl. Wiesbaden: Gabler.
Meyer, A. (Hrsg.). (1998). *Handbuch Dienstleistungsmarketing*. Stuttgart: Schäffer-Poeschel.
Nerdinger, F. W. (2001). *Psychologie des persönlichen Verkaufs*. München: Oldenbourg.
Homburg, Ch. (Hrsg.). (2001). *Kundenzufriedenheit. Konzepte – Methoden – Erfahrungen*. 3. Aufl. Wiesbaden: Gabler.

6 Literatur

Anderson, E. W., Fornell, C. & Lehmann, D. R. (1994). Customer satisfaction, market share and profitability: Findings from sweden. *Journal of Marketing, 58,* 53–66.
Bänsch, A. (1996). *Verkaufspsychologie und Verkaufstechnik*. 6. Aufl. München: Oldenbourg.
Bitner, M. J., Booms, B. H. & Mohr, L. A. (1994). Critical service encounters: The employee's viewpoint. *Journal of Marketing, 58,* 95–106.
Bitner, M. J., Booms, B. H. & Tetreault, M. S. (1990). The service encounter: Diagnosing favorable and unfavorable incidents. *Journal of Marketing, 54,* 71–84.
Borkenau, P. & Ostendorf, F. (1993). *NEO – Fünf – Faktoren – Inventar (NEO – FFI)*. Göttingen: Hogrefe.
Bowen, D. E. & Lawler, E. E. III (1998). Empowerment im Dienstleistungsbereich. In A. Meyer (Hrsg.), *Handbuch Dienstleistungsmarketing*. (S. 1031–1044). Stuttgart: Schäffer-Poeschel.
Bruhn, M. (1997). Kundenorientierung im Handel durch professionelles Qualitätsmanagement – das Fallbeispiel Migros. In V Trommsdorff (Hrsg.), *Handelsforschung*. (S. 47–70). Wiesbaden: Gabler.
Bumbacher, U. (2000). Beziehungen zu Problemkunden. Sondierungen zu einem noch wenig erforschten Thema. In M. Bruhn & B. Stauss (Hrsg.), *Dienstleistungsmanagement Jahrbuch 2000*. (S. 423–447). Wiesbaden: Gabler.
Button, S., Matthieu, J. & Zajac, D. (1996). Goal orientation in organizational behavior research: A conceptual and empirical foundation. *Organizational Behavior and Human Decision Processes, 67,* 26–48.
Campbell, D. J. (2000). The proactive employee: Managing workplace initiative. *The Academy of Management Executive, 14,* 52–66.
Chase, R. B. & Dasu, S. (2001). Wie erlebt der Kunde Ihren Service? *Harvard Business manager, 23(1),* 88–94.
Damiani, E. (1991). *Qualität im Bankgeschäft. Theoretische Vorstellungen und ihre Umsetzung in die Praxis*. Wiesbaden: Gabler.
Darwin, Ch. (1872). *The expression of the emotions in man and animals*. London: Murray (deutsch: Der Ausdruck der Gemütsbewegungen bei den Menschen und den Tieren. Frankfurt/M.: Eichborn, 2000).

Dünzel, H. G. & Kirylak, L. D. (1997). Fokussierung auf den Kunden – Das Premier Customer Care-Programm von BMW in den USA. In H. Simon & Ch. Homburg (Hrsg.), *Kundenzufriedenheit. Konzepte – Methoden – Erfahrungen.* (S. 435–445). 2. Aufl. Wiesbaden: Gabler.

Dunckel, H. (Hrsg.). (1999). *Handbuch psychologischer Arbeitsanalyseverfahren.* Zürich: vdf.

Dweck, C. S. & Leggett, E. L. (1988). A social-cognitive approach to motivation and personality. *Psychological Review, 95,* 256–273.

Ekman, P. (1988). *Gesichtsausdruck und Gefühl.* Paderborn: Junfermann.

Fay, D. (2003). Zielsetzung als Führungsinstrument: Nützlich für die Entwicklung von Eigeninitiative? In St. Koch, J. Kaschube & R. Fisch (Hrsg.), *Eigenverantwortung in Organisationen.* Göttingen: Hogrefe.

Fiege, R., Muck, P. M. & Schuler, H. (2001). Mitarbeitergespräche. In H. Schuler (Hrsg.), *Lehrbuch der Personalpsychologie.* (S. 433–480). Göttingen: Hogrefe.

Fischer, L. & Wiswede, G. (2002). *Grundlagen der Sozialpsychologie.* 2. Aufl. München: Oldenbourg.

Flammer, A. (1997). *Einführung in die Gesprächspsychologie.* Bern: Huber.

Flanagan, J. G. (1954). The critical incident technique. *Psychological Bulletin, 51,* 327–358.

Forgas, J. P. (1999). *Interaktion und Kommunikation.* Weinheim: PVU.

Frei, R. L. & McDaniel, M. A. (1998). Validity of customer service measures in personnel selection: A review of criterion and construct evidence. *Human Performance, 11,* 1–27.

Frey, S. (1999). *Die Macht des Bildes. Der Einfluß der nonverbalen Kommunikation auf Kultur und Politik.* Bern: Huber.

Friedel-Howe, H. (1994). Neue Organisationskonzepte. In L. von Rosenstiel, C. M. Hockel & W. Molt (Hrsg.), *Handbuch der Angewandten Psychologie.* VI-4.1. Landsberg/L.: Ecomed.

Frieling, E. (1975). *Psychologische Arbeitsanalyse.* Stuttgart: Kohlhammer.

Georgi, D. (2001). Einfluss der normativen Erwartungen auf die Transaktionsqualität – Bedeutung der Beziehungsqualität. In M. Bruhn & B. Stauss (Hrsg.), *Dienstleistungsmanagement Jahrbuch 2001. Interaktionen im Dienstleistungsbereich.* (S. 91–113). Wiesbaden: Gabler.

Glasl, F. (2002). *Konfliktmanagement. Ein Handbuch für Führungskräfte, Beraterinnen und Berater.* Bern: Haupt.

Hackman, J. R. & Oldham, G. R. (1980). *Work redesign.* Reading, Mass.: Addison-Wesley.

Hentschel, B. (1999). Multiattributive Messung von Dienstleistungsqualität. In M. Bruhn & B. Stauss (Hrsg.), *Dienstleistungsqualität. Konzepte, Methoden, Erfahrungen.* (S. 289–320). 3. Aufl. Wiesbaden: Gabler.

Hermann, A. & Seilheimer, C. (2000). Erklärungsansätze zur Dynamik des Vergleichsmaßstabs im Rahmen des Lücken-Modells der Kundenzufriedenheit. *Wirtschaftswissenschaftliches Studium, 29(1),* 163–182.

Hinterhuber, H. & Matzler, K. (1999), *Kundenorientierte Unternehmensführung: Kundenorientierung, Kundenzufriedenheit, Kundenbindung.* Wiesbaden: Gabler.

Höft, St. & Funke, U. (2001). Simulationsorientierte Verfahren der Personalauswahl. In H. Schuler (Hrsg.), *Lehrbuch der Personalpsychologie.* (S. 135–173). Göttingen: Hogrefe.

Holz-Ebeling, F. & Steinmetz, M. (1995). Wie brauchbar sind die vorliegenden Fragebogen zur Messung von Empathie? Kritische Analysen unter Berücksichtigung der Iteminhalte. *Zeitschrift für Differentielle und Diagnostische Psychologie, 16,* 11–32.

Homburg, Ch. (Hrsg.). (2001). *Kundenzufriedenheit. Konzepte – Methoden – Erfahrungen.* 3. Aufl. Wiesbaden: Gabler.

94

Homburg, Ch. & Faßnacht, M. (2001). Kundennähe, Kundenzufriedenheit und Kundenbindung bei Dienstleistungsunternehmen. In H. Meffert & M. Bruhn (Hrsg.), *Handbuch
Dienstleistungsmanagement*. (S. 441–463). 2. Aufl. Wiesbaden: Gabler.

Homburg, Ch. & Stock, R. (2000). *Der kundenorientierte Mitarbeiter*. Wiesbaden: Gabler.

Hui, Ch., Lam, S. S. K. & Schaubroeck, J. (2001). Can good citizens lead the way in pro-
viding quality service? A field quasi experiment. *Academy of Management Journal, 44*,
988–995.

Hurley, R. F. (1998). Service disposition and personality: A review and a classification scheme
for understanding where service disposition has an effect on customers. *Advances in Services Marketing and Management, 7*, 159–191.

Jensen, O. (2001). Kundenorientierte Vergütungssysteme als Schlüssel zur Kundenzufriedenheit. In Ch. Homburg (Hrsg.), *Kundenzufriedenheit*. (S. 283–293). 3. Aufl. Wiesbaden: Gabler.

Johnston, R. & Heineke, J. (1998). Exploring the relationship between perception and performance: Priorities for action. *The Service Industries Journal, 18*, 101–112.

Kahnemann, D. & Tversky, A. (1979). Prospect theory: An analysis of decisions under risk.
Econometrica, 47, 263–291.

Kerr, S. (1975). On the folly of rewarding A while hoping for B. *Academy of Management
Journal, 18*, 769–783.

Kohli, A. K., Shervani, T. A. & Challagalla, G. N. (1998). Learning and performance orientation
of salespeople: The role of supervisors. *Journal of Marketing Research, 35*, 263–274.

Lytle, R. S., Hom, P. W. & Mokwa, M. P. (1998). SERV*OR: A managerial measure of
organizational service-orientation. *Journal of Retailing, 74*, 455–489.

Marcus, B. & Schuler, H. (2001). Leistungsbeurteilung. In H. Schuler (Hrsg.), *Lehrbuch
der Personalpsychologie*. (S. 397–431). Göttingen: Hogrefe.

Matzler, K. (1999). Die Faktorstruktur der Kundenzufriedenheit. In H. Hinterhuber & K. Matzler (Hrsg.), *Kundenorientierte Unternehmensführung: Kundenorientierung, Kundenzufriedenheit, Kundenbindung*. (S. 99–128). Wiesbaden: Gabler.

Merrill, D. W. & Reid, R. (1981). *Personal styles and effective performance*. Radnor, Pa.:
Chilton.

Metz, A.-M., Rothe, H.-J. & Degener, M. (2001). Belastungsprofile von Beschäftigten in Call
Centern. *Zeitschrift für Arbeits- und Organisationspsychologie, 45 (N. F. 19)*, 124–135.

Moser, K. & Zempel, J. (2001). Personalmarketing. In H. Schuler (Hrsg.), *Lehrbuch der Personalpsychologie*. (S. 63–87). Göttingen: Hogrefe.

Mount, M. K., Barrick, M. R. & Stewart, G. L. (1998). Five-factor model of personality
and performance in jobs involving interpersonal interactions. *Human Performance, 11*,
145–165.

Müller, S. (1999). Integration der Kunden- und Mitarbeiterorientierung. In M. Bruhn (Hrsg.),
Internes Marketing. Integration der Kunden- und Mitarbeiterorientierung. (S. 331–364).
2. Aufl. Wiesbaden: Gabler.

Nerdinger, F. W. (1994). *Zur Psychologie der Dienstleistung*. Stuttgart: Poeschel.

Nerdinger, F. W. (1995). *Motivation und Handeln in Organisationen*. Stuttgart: Kohlhammer.

Nerdinger, F. W. (1997). Konflikte in Dienstleistungstätigkeiten – das Beispiel der Firmen-
kundenberater. In V. Heyse (Hrsg.), *Kundenbetreuung im Banken- und Finanzwesen*.
Praxisbeiträge zur Kompetenzentwicklung. (S. 107–121). Münster: Waxmann.

Nerdinger, F. W. (1998). Interaktionsmanagement – verbale und nonverbale Kommunikation als Erfolgsfaktor in Augenblicken der Wahrheit. In A. Meyer (Hrsg.), *Handbuch
Dienstleistungsmarketing*. (S. 1177–1193). Stuttgart: Schäffer-Poeschel.

Nerdinger, F. W. (1999). „Servicewüste" Deutschland – nationaler Skandal oder vorschnelle Verallgemeinerung? In M. Benkenstein (Hrsg.), *Servicewüste Deutschland?* (S. 29–44). Rostock: Zentrum für Dienstleistungs- und Intermediationsforschung.

Nerdinger, F. W. (2001a). *Psychologie des persönlichen Verkaufs.* München: Oldenbourg.

Nerdinger, F. W. (2001b). Psychologische Aspekte der Tätigkeit im Dienstleistungsbereich. In M. Bruhn & H. Meffert (Hrsg.), *Handbuch Dienstleistungsmanagement.* (S. 243–261). 2. Aufl. Wiesbaden: Gabler.

Nerdinger, F. W. (2001c). Gefühlsarbeit in Dienstleistungsinteraktionen. In M. Bruhn & B. Stauss (Hrsg.), *Jahrbuch für Dienstleistungsmanagement 2001.* (S. 501–519). Wiesbaden: Gabler.

Nerdinger, F. W. (2001d). *Formen der Beurteilung im Unternehmen. Anforderungen, Verfahren, Anwendungen.* Weinheim: Beltz.

Nerdinger, F. W. & Röper, M. (1999). Emotionale Dissonanz und Burnout im Pflegebereich. *Zeitschrift für Arbeitswissenschaft, 53,* 187–193.

Neuberger, O. (1995). *Mikropolitik.* Stuttgart: Enke.

Neuberger, O. (1996). *Miteinander arbeiten – miteinander reden.* München: Bayr. Staatsministerium für Arbeit und Sozialordnung.

Pittam, J. & Scherer, K. R. (1993). Vocal expression and communication of emotion. In M. Lewis & J. M. Haviland (Eds.), *Handbook of emotions.* (pp. 185–198). New York: Guilford.

Rafaeli, A. (1993). Dress and behavior of customer contact employees: A framework for analysis. *Advances in Services Marketing and Management, 2,* 175–211.

Rafaeli, A. & Sutton, R. I. (1989). The expression of emotion in organizational life. *Research in Organizational Behavior, 11,* 1–42.

Rastetter, D. (1999). Emotionsarbeit. Stand der Forschung und offene Fragen. *Arbeit, 8,* 374–388.

Rehn, M. L. (1993). Die Eingliederung neuer Mitarbeiter. In K. Moser, W. Stehle & H. Schuler (Hrsg.), *Personalmarketing.* (S. 77–95). Göttingen: Verlag für Angewandte Psychologie.

Rosenstiel, L. von (2000). *Grundlagen der Organisationspsychologie.* 4. Aufl. Stuttgart: Schäffer-Poeschel.

Schneider, B. & Bowen, D. E. (1995). *Winning the service game.* Boston, Mass.: Harvard.

Schneider, B., Bowen, D., Ehrhart, M. E. & Holcombe, K. M. (2000). The climate for service: Evolution of a construct. In N. M. Ashkenasy, C. Wilderom & M. F. Peterson (Eds.), *Handbook of organizational culture and climate.* (pp. 21–36). Thousand Oaks, CA: Sage.

Schuler, H. (1992). Das Multimodale Einstellungsinterview. *Diagnostica, 38,* 281–300.

Schuler, H. (2000). *Psychologische Personalauswahl.* 2. Aufl. Göttingen: Hogrefe.

Schuler, H. (2002). *Das Einstellungsinterview.* Göttingen: Hogrefe.

Schuler, H. & Diemand, A. (1991). Anforderungsanalyse für teilstandardisierte Einstellungsgespräche mit Bewerbern als Bankkaufmann/-frau. *Sparkasse, 108(2),* 90–94.

Schuler, H., Diemand, A. & Moser, K. (1993). Filmszenen. Entwicklung und Konstruktvalidierung eines neuen eignungsdiagnostischen Verfahrens. *Zeitschrift für Arbeits- und Organisationspsychologie, 37,* 3–9.

Schuler, H. & Marcus, B. (2001). Biographieorientierte Verfahren der Personalauswahl. In H. Schuler (Hrsg.), *Lehrbuch der Personalpsychologie.* (S. 175–214). Göttingen: Hogrefe.

Sigl, E., Spieß, E., von Rosenstiel, L. & Nerdinger, F. W. (1993). *Handelsvertreter und Kunden.* Köln: CDH-Verlag.

Siguaw, J. A., Brown, G. & Widing, R. E. (1994). The influence of the market orientation of the firm on sales force behavior and attitudes. *Journal of Marketing, 31,* 106–116.

Simon, H. & Homburg, Ch. (1997). Kundenzufriedenheit als strategischer Erfolgsfaktor. In H. Simon & Ch. Homburg (Hrsg.), *Kundenzufriedenheit. Konzepte – Methoden – Erfahrungen*. (S. 17–29). 2. Aufl. Wiesbaden: Gabler.

Sonntag, K.-H. & Schaper, N. (2001). Wissensorientierte Verfahren der Personalentwicklung. In H. Schuler (Hrsg.), *Lehrbuch der Personalpsychologie*. (S. 241–263). Göttingen: Hogrefe.

Sonntag, K.-H. & Stegmaier, R. (2001). Verhaltensorientierte Verfahren in der Personalentwicklung. In H. Schuler (Hrsg.), *Lehrbuch der Personalpsychologie*. (S. 265–287). Göttingen: Hogrefe.

Stauss, B. (1998). Beschwerdemanagement. In A. Meyer (Hrsg.), *Handbuch Dienstleistungsmarketing*. (S. 1255–1271). Stuttgart: Schäffer-Poeschel.

Stauss, B. (1999a). „Augenblicke der Wahrheit" in der Dienstleistungserstellung – Ihre Relevanz und ihre Messung mit Hilfe der Kontaktpunkt-Analyse. In M. Bruhn & B. Stauss (Hrsg.), *Dienstleistungsqualität. Konzepte – Methoden – Erfahrungen*. (S. 321–340). Wiesbaden: Gabler.

Stauss, B. (1999b). Kundenzufriedenheit. *Marketing – Zeitschrift für Theorie und Praxis, 21*, 5–24.

Steins, G. & Wicklund, R. A. (1993). Zum Konzept der Perspektivenübernahme. Ein kritischer Überblick. *Psychologische Rundschau, 44*, 226–239.

Sujan, H., Weitz, B. A. & Kumar, N. (1994). Learning orientation, working smart, and effective selling. *Journal of Marketing, 58(3)*, 39–52.

Sujan, H., Weitz, B. A. & Sujan, M. (1988). Increasing sales productivity by getting salespeople to work smarter. *Journal of Personal Selling & Sales Management, 8(3)*, 9–19.

Sutton, R. I. & Rafaeli, A. (1988). Untangling the relationship between displayed emotions: The case of convenience stores. *Academy of Management Journal, 31*, 461–489.

Wanous, J. P. (1992). *Organizational entry: Recruitment, selection, orientation, and socialization*. Reading, MA: Addison-Wesley.

Weatherly, K. A. & Tansik, D. A. (1993). Managing multiple demands: A role-theory examination of the behaviors of customer contact service workers. *Advances in Services Marketing and Management, 2*, 279–300.

Weinberg, P. (1986). *Nonverbale Marktkommunikation*. Heidelberg: Physica.

Weitz, B. (1978). Relationship between salesperson performance and understanding of customer decision making. *Journal of Marketing Research, 15*, 501–516.

Zapf, D. (2002). Emotion work and psychological well-being. A review of the literature and some conceptual considerations. *Human Resource Management Review, 12*, 237–268.

Zeithaml, V. & Bitner, M. J. (1999). *Services Marketing*. 2. Aufl. New York: McGraw Hill.

Zeithaml, V., Parasuraman, A. & Berry, L. L. (1992). *Qualitätsservice. Was Ihre Kunden erwarten – was Sie leisten müssen*. Frankfurt/M.: Campus.